絶対内定2026
面接

我究館創業者 杉村太郎
キャリアデザインスクール 我究館

ダイヤモンド社

はじめに

企業は面接を通して、あなたがその企業で活躍する可能性を見ている。

成功経験だけでなく失敗経験を聞くことで、そこから何を学んできたのかを知ろうとしている。

あなたの強みだけでなく弱みと向き合う姿勢を聞きながら、あなたが活躍する姿を見ているのだ。

これまで新卒採用は、いわゆる幹部候補生と、幹部にはならない「ワーカー」の両方を採用していた。そのため、採用母数には一定のボリュームがあった。しかし今、AI技術の進歩で、「ワーカー」は不要になりつつある。

では、企業はどのような人材が欲しいのか。当然ながら、言われた仕事を事務的にこなすだけの「ワーカー」ではなく、主体的に行動できる「挑戦者」が欲しい。挑戦者とは、成功や失敗にとらわれずに行動できる自立した人だ。新しい可能性を生み出せる人だ。そういう人材を採用の場で探している。

そして、企業は何よりもあなたの「志望度」を見ている。

何度面接をくぐりぬけても、企業の軸と自分の軸が合致した説得力のある志望動機を示せなければば、決して内定を得ることはできない。
成績は優秀だが志望度が低い人より、成績が多少劣ったとしても志望度が高く、必ず入社して活躍できる人を企業は求めているのだ。

では、志望度の高さはどのように示せばいいのか。自分は今までどのような生き方をして、どんな能力や目標を持っているのか。そして、その企業のパーパスを実現するために何ができるのかを、「自分の言葉」で伝えるのだ。

本書では、あなたが自信を持って面接に挑めるよう、ありとあらゆる角度から面接を分析している。この本を信じて、就職活動の総仕上げをおこなおう。ここまでやり切ったと思えたら、もう何も恐れるものはない。
面接会場の扉を開けた瞬間、究極の不安は究極の自信に変わるはずだ。
あとは、胸を張って面接官の前に立ち、思いをぶつけてほしい。

「自分の夢」を語るあなたは、絶対に輝いているのだから。

キャリアデザインスクール・我究館館長　杉村貴子

Chapter 1 「面接」の全体像を把握する

Chapter 2 絶対内定する「面接」戦略

Chapter 3

「自己PR」と「学生時代に力を入れたこと」対策

Chapter 4 志望動機対策

Chapter 5

最終突破のために必ず乗り越えるべきカベ

スペックについて

話す内容について

Chapter 6 グループディスカッション（GD）対策

Chapter 7 社会人訪問対策

Chapter 8 リクルーター面談対策

Chapter 9

内定者はみんなやっている模擬面接

Chapter 10

絶対におさえたい面接の質問59

現在の長所・短所・価値観に関する質問

過去の経験に関する質問

未来のビジョンに関する質問

就職意識や就職活動の進捗状況に関する質問

2025年卒はどんな人が内定したのか

次の6点を押さえていた就活生は結果を出していた。

1.「自己分析」を早期におこない、志望業界を決定し、**2〜4**の行動を多く実行できた人
2.「インターンシップ」に積極的に参加し、志望企業にアピールできた人
3.「社会人訪問」を精力的におこない、志望企業の研究と自分のアピールができた人
4.「リクルーター面談」の段階で、志望動機と自己PRをしっかり語れた人
5.「面接」（本選考）で、**1〜4**で得た知識や経験をもとに、自分をアピールできた人
6.オンライン選考、動画選考でも、誰に何をどうアピールしたいのかを定められていた人

近年の就職活動では**インターンシップ、社会人訪問、リクルーター面談すべての機会が「面接の場」になっている。**

そのため、自分が志望している企業の面接の場に一回でも多く足を運び、自分をアピールできた人が有利に就職活動を進めることができた。逆に、志望業界が曖昧《あいまい》で、自分のことを語れない学生

は、動き出しが遅く、行動量も少ないため、成果を出すことができなかった。

ポイントは少しでも早く自己分析（我究）をおこなうことだ。

どれだけインターンシップや企業説明会、社会人訪問に行っても、志望の業界や企業でなければ熱が入らないので得られることは少ない。自分が望む進路を早期に明確にして動き出した人のほうが、圧倒的に効率よく就職活動を進められるのは、容易に想像できるだろう。

また、志望する企業が明確な人は、その企業で求められる人物像を早い時点で研究できるため、企業に自分の能力を効果的にアピールできる。

接点を持っても、自分の魅力を伝えることができければ意味がない。それどころか、逆に評価を下げてしまうことさえある。

自己分析ができている人は、**2**〜**6**のどの場においても、自分の考えをしっかりと伝えられる。結果として、第一志望から内定を得ている。

ちなみに本書では、**3**〜**6**の場で何を語り、どのように振る舞えばいいのかを解説していく。（**1**は『絶対内定２０２６　自己分析とキャリアデザインの描き方』、**2**は『絶対内定２０２５ー２０２７インターンシップ』を参考にしてほしい）

それではさっそく、内定者の自己ＰＲから見ていこう。

内定者の「自己PR」4つの特徴

2025年卒で企業から評価の高かった人の自己PRには次の4点のどれか、または複数が含まれていた。グローバル対応ができている学生や、厳しい環境下でも粘り強く努力する性質を持った学生が、企業から望まれている人材であることが分かる。

1. 納得いくまでやり切って結果を出した経験

体育会の学生が再評価されている。以前から安定して人気があるが、近年はさらに評価が高い。理由は、「地道な努力を重ね、結果が出るまでやり切る」習慣が身についているから。新入社員は雑用も多い。また、しばらくの間は下積みのような心身ともにタフな仕事をさせられることもある。こうした地道な経験は、活躍するために必要だったりするのだが、途中で腐ってしまい、早期離職する新入社員が増えているという。これは本人にも企業にとっても大きな損失だ。

きみはやりたくないことや苦しい状況下でも、結果に向けて努力を続けることができるか。体育会に限らず、すべての学生に対して、この点を面接官は見ている。

2. 多様な価値観をまとめ上げる経験

これからの社会では、同僚や部下、上司が外国人というケースが増えていく。異なる価値観を持った人と働く時に、きみが周囲と力を合わせて結果を出せるかどうかを見ている。意見の衝突や価値観の違いからすれ違うことがあったとしても、1つの結論を導いたりプロジェクトを完遂したりすることができるか。同質性の高い仲よしサークルの友人だけでなく、いろいろな世代やさまざまな考えを持つ人たちと協力し何かを成し遂げたことがあるか。そこを見られている。

3. 学業に徹底的に取り組んだ経験

近年は、学業について聞いてくる企業が多い。

「そもそもなぜその学部を選んだのか」といった入学前からの関心事や「ゼミはどこに入ったのか」「卒論のテーマは何か」、さらには「成績はどうか」と、さまざまな角度から聞いてくる。

入学前からの関心事に始まり、その後の一貫性、努力量、思考の深さなどを見ている。企業は不確実な未来を生き抜くために、思考力があり、勤勉で確実に努力を積み重ねることができる学生を求めている。これを読んで「まずい」と思ったら、今からでも勉強を始めよう。

4. 課題設定から解決までを主体的に実行した経験

これまでは与えられた課題に対して、最短距離で最適解を見つける能力が必要とされた。それがまったく不要とは言わないが、主体的に、自ら課題を見つけ、試行錯誤しながら、それに対するソリューションを見出し、実際にそれを行動に移せるかどうかこそが問われている。AIに尋ねれば何でも解決方法が見つかる時代だ。自ら課題設定ができ、考え、行動できることを示さなければならない。

内定者の「志望動機」4つのポイント

多くの企業において、業績は回復に向かっており、採用意欲は旺盛。しかし人気企業の倍率の高さは相変わらずだ。

狭き門を突破するために必要なことは自己分析（我究）と企業研究（社究）だ。きみがしっかり、我究と社究をおこない、信念を持って志望動機を語ることができたら、周囲の学生と比べて評価が高くなる。

志望動機作成に向けて重要なのは次の4点である。

1. **我究による企業選びの「軸」の明確化**
2. **社究の徹底**
3. **社会人訪問による理想と現実のギャップ把握**
4. **インターンシップ参加による企業理解や仕事理解**

まずはしっかりと我究できていることが基本だ。

やりたいことが明確になっていなければ、志望動機を言葉にすることはできない。

しかし、実際には企業名や年収、さらには「なんとなく」という感覚でとりあえず動いてしまっている人が多い。曖昧な思いでは、面接官に見抜かれ、落とされてしまう。

やっかいなのは、1次、2次面接はどうにか通過して、もっとも志望動機が重視される最終面接で落とされるというパターン。そうなると、また一から就職活動をやり直すことになる。あまりに効率が悪い。

我究をした上で社究をする。そして最終的な仕上げとして社会人訪問がある。

社会人訪問による「理想と現実のギャップ把握」と書いたのには理由がある。

就職活動は「やりたいこと」をもとに志望企業を探す。しかし、やりたいことは入社後即できるわけではないという現実を知ってほしいのだ。どれくらいの下積み期間が必要なのか、どれくらいの結果を出した人に挑戦する権利が与えられるのか。社会人訪問を通して確認しよう。それを理解した上で、志望動機を語る学生には迫力がある。

加えて、複数日程のインターンシップに参加することが大きな差になる。仕事の現場を疑似体験すれば、自分の職務適性をより正確に見極められる。

「最初からできるとは思っていませんが……」と、やりたいことをかなえるための努力をいとわない、「強い覚悟」を伝えることができる。当然、こういう学生は評価も高く、内定している。

「存在感のある学生」と「大人慣れした学生」は内定する

「存在感のある学生」と「大人慣れした学生」が内定する傾向にあった。

ここは伝えるのが非常に難しいが、重要なので説明していこう。

●存在感のある学生

我究ができている自信に満ちた学生のことだ。

やりたいことが完全に明確になっている学生は存在感がある。

目標に向けて集中している状態なので、目つきや顔つきが違う。感情がぶれていない。するべき努力を淡々としている人には、〝覚悟を決めた状態〟になっている人が持つ独特のオーラがある。

部活でも勉強でもその境地にまで至ったことのある人なら、イメージできるはずだ。

それ以外には、就職活動を通して、自分の至らない点と向き合っている人。

自分が「今まさに成長している」という実感を持っている人は、自然と存在感を放つ。

就職活動中は、自分の至らない点や、弱さと向き合う必要が生じてくる。その苦しみから逃げてしまう人が多いが、そういった人は目つき顔つきで面接官にも伝わってしまう。逆に、「弱さから目をそらしていない」人は、表情や話し方、立ち居振る舞いすべてにいい影響が出る。

●大人慣れした学生

大人慣れしている学生は、「大人が求めるもの」に対する感度が高く、感性が磨かれている。そのため、受け答えも的確だ。「今、何を聞きたがっているのか」を理解しながら会話することができる。結果として「一緒に働きたい」と思われ、ことごとく第一志望に内定していく。

大人慣れするためには、どれだけ多くの大人たちと、どれだけの時間、どれだけ深いコミュニケーションをとったかが大切になってくる。年齢や役職によって考えていることや感じることは違う。それを知ることが大事だ。どの年齢の、どんな役職の人は、どのようなことに興味を持ち、どのようなことを話せば、彼らと心を通わすことができるのかを知るのだ。きみたちも、小中高大とそれぞれの時期で、興味や喜びの対象、悩みや迷いの対象は違っていたと思う。それぞれの時期で、おもしろいと思う話もまったく違ったはずだ。それと同じことだ。

面接とは一問一答の場ではない。大人と大人が顔を合わせ、心を通わす場だ。

自分が何を話すかだけでなく、相手が何に興味を持っているのかを知ることが大切だ。

そのためにも、インターンシップ、社会人訪問などを通して、大人との接点を多く持とう。

面接解禁日前に動いていた学生が内定した

就職活動の解禁は3月1日、面接の解禁は6月1日と政府は経済団体等へ要請している。しかし、面接の解禁日である6月1日や、それよりもっと前に企業から内定が大量に出されることをご存じだろうか。本来この日は1次面接がおこなわれる日であり、そこで内定が出るのは、選考期間が短すぎると感じるかもしれない。たった1日でどうやって学生を評価しているのか疑問に思うだろう。しかし、実は、事前にかなり念入りに学生を評価しているのだ。

その評価の場は「面接」以外にある。

この本でも説明する「社会人訪問」「リクルーター面談」が非公式の面接の場となっている。社会人訪問の場合、多い学生は1社あたり10人以上と会う。リクルーター面談についても、企業によっては10人近くのリクルーター社員と会う場を提供する。これらのすべての場が事実上の面接になっていて、人事に評価が報告されている。評価がとりわけ高い学生は、面接解禁日の「1次面接」が実質の最終面接となり、内定をもらう。

これ以外にも、「インターンシップ」や「会社説明会」「セミナー」への参加状況を評価の対象にする企業もある。つまり、すべての場が選考対象になっているので、早期の動き出しが鍵になる。

面接解禁日に
内定を出す企業がある

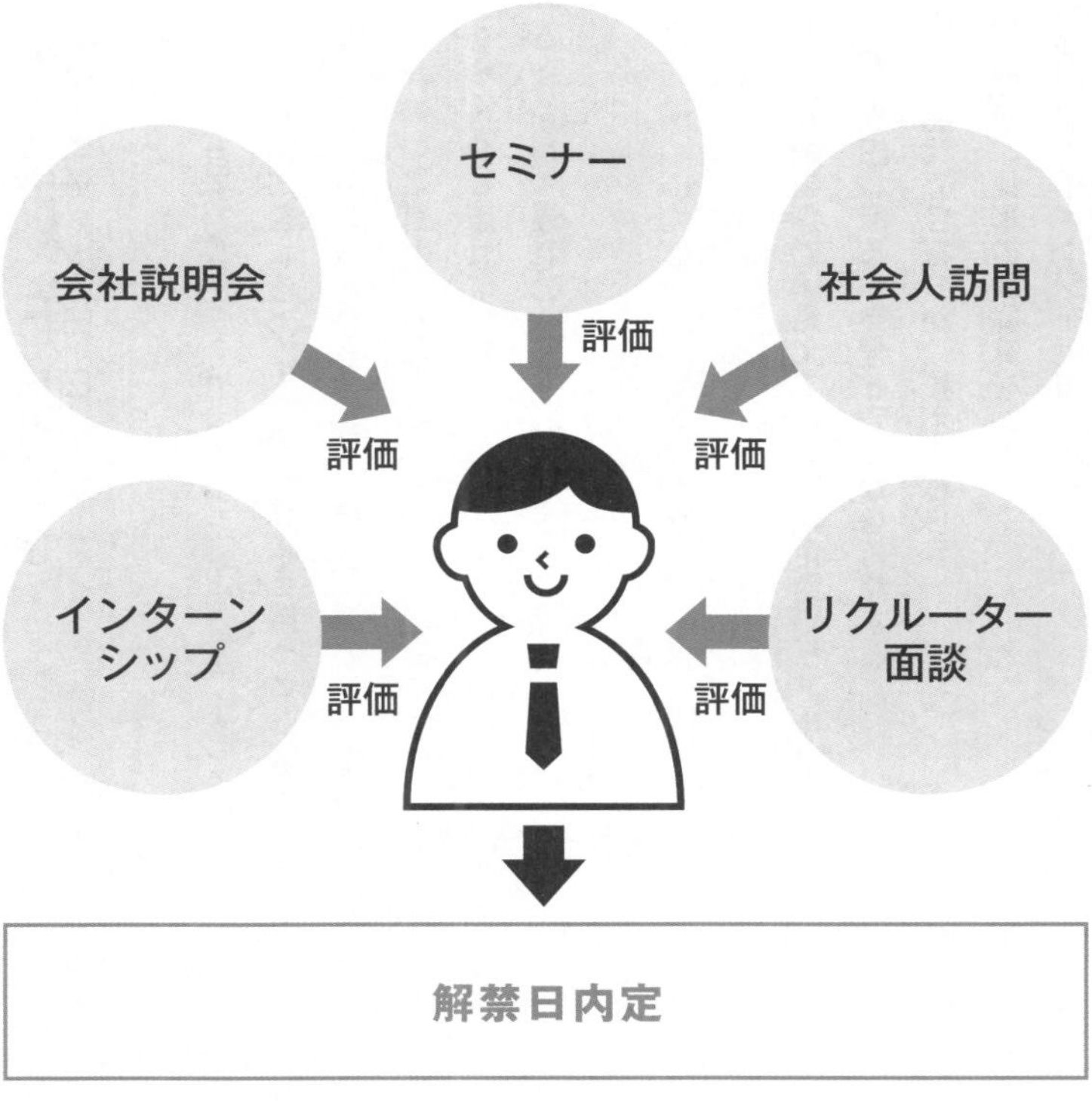

解禁日前から積極的に動き、
自分をアピールできた学生は、内定をもらえた！

内定者の社会人訪問

社会人訪問をする際に、「目的意識」を持っていた学生は内定していた。

きみは何のために社会人訪問をするのか、目的意識を持っているだろうか。

次のような動機で動いているとしたら要注意。目的意識のない学生の典型だ。

「先輩から行ったほうがいいと言われたから」

「行けば何か教えてもらえると思って」

「社会人と話してみたかった、憧れの企業の社員と会ってみたかった」

社会人訪問をする目的は、例えば次のようなものだ。

□ホームページや本、会社説明会では見えてこない「企業のリアル」を知る

□企業で働く人の雰囲気を感じ取る。自分と合うかを確認する

□自分のやりたいことに挑戦できるのか、教えてもらう

□働く人の喜怒哀楽を聞き、仕事の醍醐味《だいごみ》を知る

□自分がその企業で活躍するイメージを明確にする

何となく会話をしても得られるものは少ない。何を知りたいのかを明確にしてから人と会う。目的意識を持ったコミュニケーションをとるのだ。そうすると、知れることや感じられることが増える。当然、面接で語れる内容も濃くなる。

社会人訪問は「人数」も重要だ。

我究館では毎年、志望業界だけで100人に社会人訪問をする学生がいる。

例えば5社で100人の場合、1社につき20人程度だ。

商社志望で100人訪問した我究館のRくんは次のように語っていた。

「自分が本当に働きたい企業はどこかを知るためには、一定数以上会わなければ確信に至ることができない。しかも、複数の部署、さまざまな役職、幅広い年齢層の人に会おうとすると、必然的に人数が増えていった。社会人訪問が100人になった頃には、自分にはどこの会社が一番向いていて、その会社の中で何を実現したいのかについて、自信を持って語れるようになっていた」とのことだ。当然だが、Rくんは第一志望に内定していった。

また、近年は社会人訪問を受けた社員が、人事に学生の評価を報告するケースが増えている。

社会人訪問を重ねると徐々に考えがまとまっていく。社会人訪問でする質問や発言内容も鋭くなるため、社会人からの評価が高くなる。本選考を有利な状態でスタートできるため、当然余裕をもって会話を進めることができるのだ。

Chapter 1

「面接」の全体像を把握する

ここでは就職活動の終盤であり、要ともいえる「面接」が
何を意味し、どのような流れで進むのかを説明しよう。

就職活動の全体像（2026年卒のスケジュール）

この図を見れば、1年中「面接（選考）」があることが分かるはずだ！さっそく今から準備をしよう

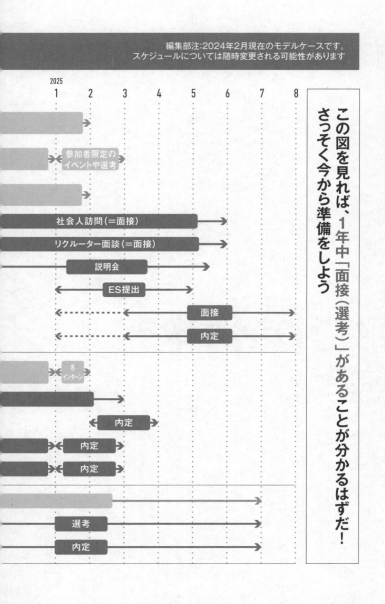

編集部注：2024年2月現在のモデルケースです。
スケジュールについては随時変更される可能性があります

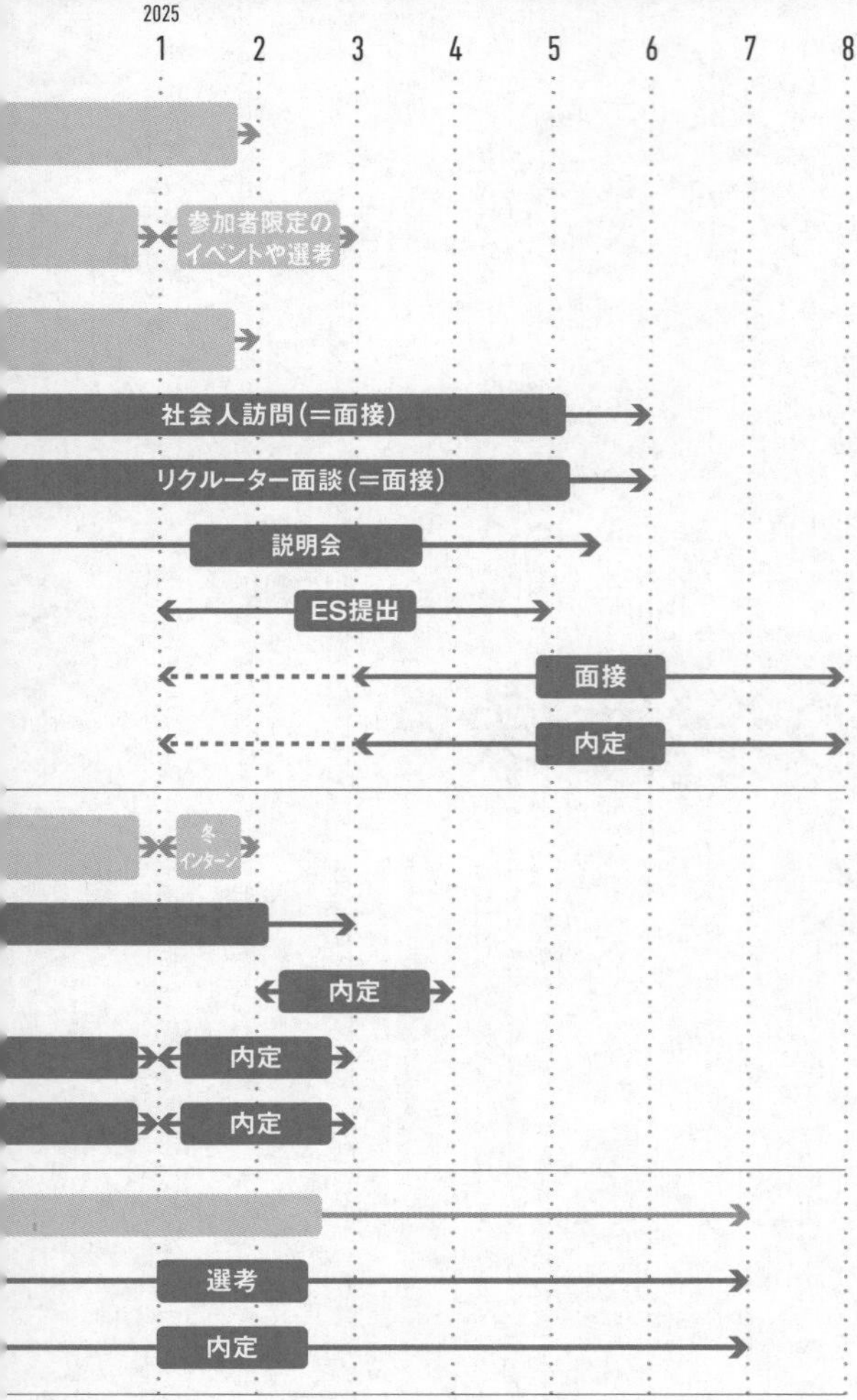

就職活動の全体像(2026年卒のスケジュール)

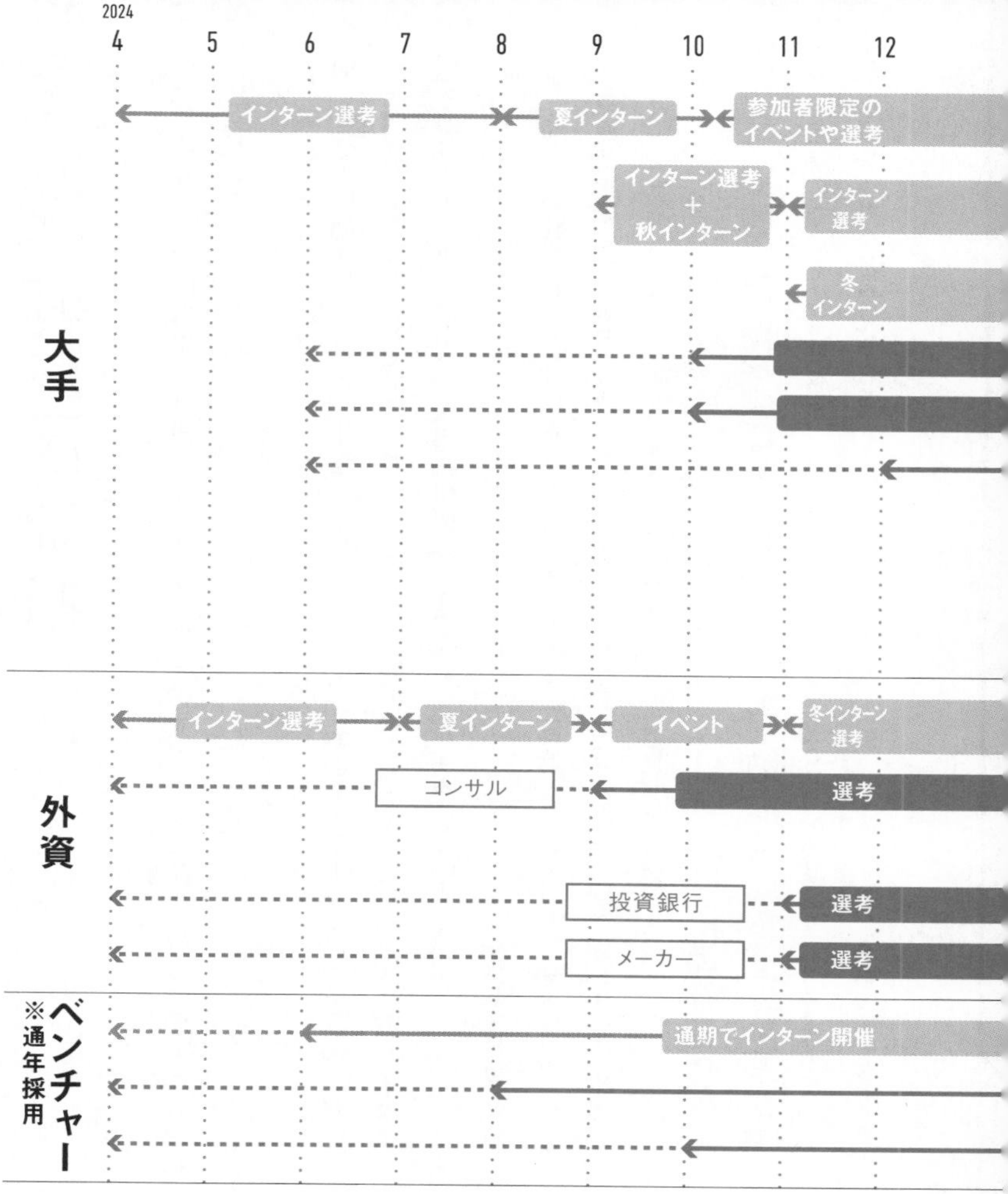

内定までの「面接」の流れ

面接には種類がある。丁寧に学生を選抜する企業は、左図のすべてをおこなう。改めてそれぞれの内容を説明しておこう。

●**社会人訪問**：社会人訪問を受けた社員が人事に「学生の評価」を報告するケースが増えている。我究館の調べでは、ほぼすべての業界でおこなわれている。この評価によって、次に説明する**リクルーター面談**に進めるかどうかが決まったり、**本選考の面接**が優遇されたりすることもある。

▼**詳しくは**Chapter 7

●**リクルーター面談**：面接の解禁日前に企業から学生に対して「面談」を持ちかけ、場を設けることを指す。解禁日前までに複数名と面談し、評価が高い学生は解禁日の面接1回で即日内定が出ることも。メーカー、金融、ゼネコンなどで活発におこなわれる。実質的な「面接」だ。

▼**詳しくは**Chapter 8

●**グループディスカッション（GD）**：実施する企業は多い。「20代女性にこれから流行する商品を開発せよ」など正解のないものを題材に、4～6人のグループで30分程度の議論をおこなうもの。コミュニケーション能力などが見られる。

▼**詳しくは**Chapter 6

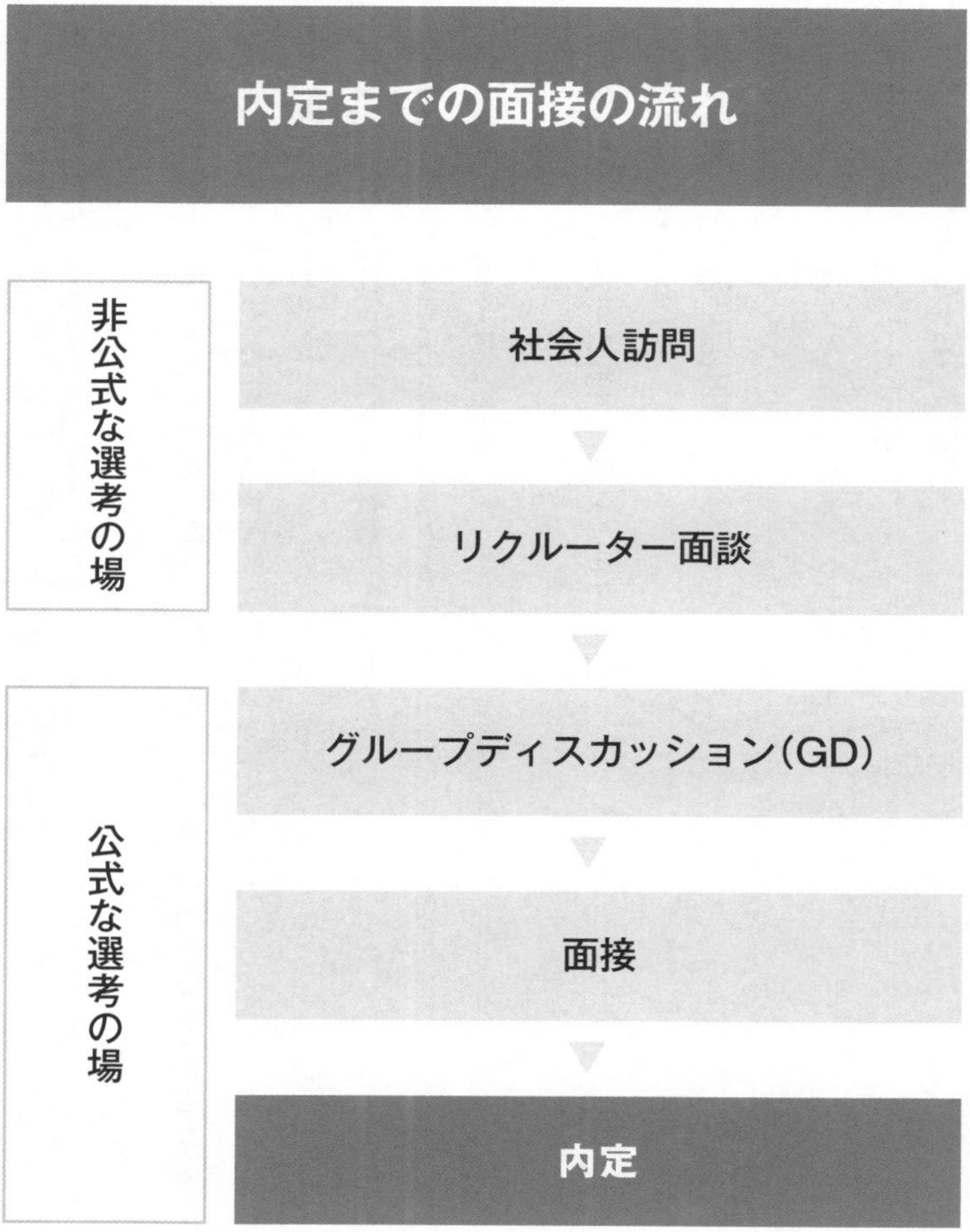

上記すべてにそれぞれの対策が必要。
本書では、これらすべての対策を解説していく

本選考の形式

何次面接かで形式が違う

面接は「何次」かによって形式が違う。話す相手も、持ち時間も違う。相手が違えば話す内容にも工夫が必要になる。次に挙げる代表的なケースを押さえておこう。

1次面接

面接担当者：30代～の中堅現場社員（1～2人）
学生の人数：2～6人の集団面接
持ち時間：1人5～10分程度

2～3次面接

面接担当者：40代～の部長クラス（1～2人）
学生の人数：1～2人
持ち時間：1人30～60分程度

最終面接

面接担当者：50代～の役員（社長）クラス（1～4人）
学生の人数：1人（～2人）
持ち時間：1人30～60分程度

1次、2次～最終面接は
それぞれ形式が異なる

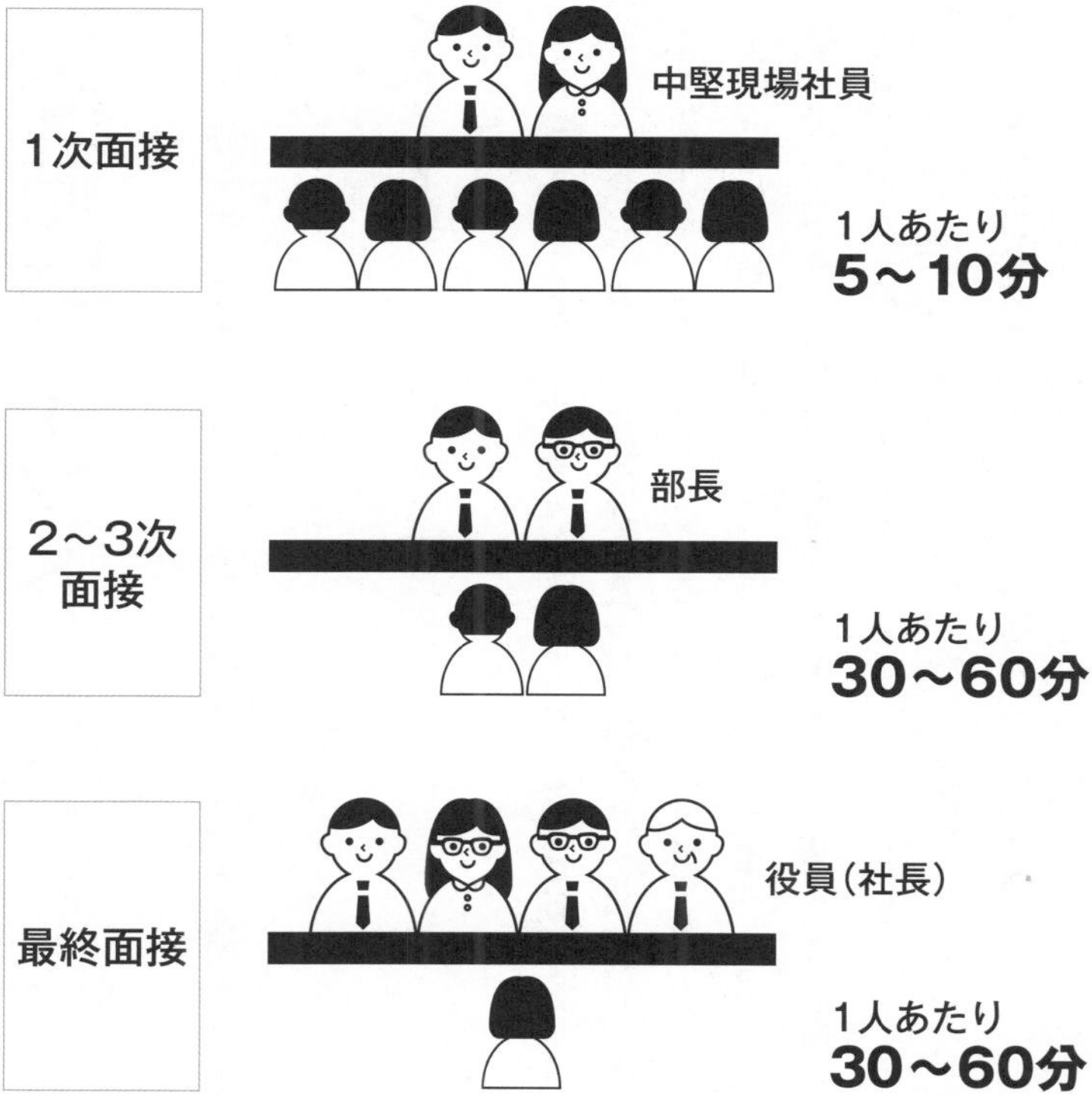

話す相手も持ち時間も異なる。
今が何次面接かしっかり把握しておくこと

面接での「評価」ポイント

何次面接かによって企業が学生を評価するポイントは異なる。それぞれの面接で、面接官が重視しているポイントは次のとおり。

●1次面接：コミュニケーション能力

●2～3次面接：企業が求める能力

●最終面接：志望度の高さ

1次面接では、コミュニケーション能力（人当たりのよさや受け答えの明瞭さ）を見られている。書類は素晴らしいが、実際会ってみると「残念ながら一緒に働きたいと思えない」という人を落とすための場であることが多い。学生の印象を見ているため、1次面接は時間が短い企業が多い。

2～3次面接では企業が求める能力を見られている。企業によって重視するポイントは異なる。業界研究と企業研究をして「求められる能力」を把握した上で、受け答えする必要がある。また、一緒に働きたいと思えるかどうかも重視されている。

最終面接は「志望度の高さ」だ。ここには、能力評価は「ＯＫ（問題なし）」という学生だけが残っている。最後は役員が「本当に当社で活躍する覚悟があるか」を判断する。

「何次面接か」によって、重視しているポイントが異なる

	コミュニケーション能力	企業が求める能力	志望度の高さ
1次	○		
2次		○	
3次		○	○
最終			○

前半は「能力」を見ているが、後半は「志望度」を見ている

オンライン対策 その1

動画面接の攻略ポイント

ESの代わりかESと同時に提出を求められることが増えている動画面接。内容は、自己紹介や自己PR、学生時代がんばったことなどを30秒から1分で話させるものが多い。志望動機を1分程度で述べよ、というお題もある。

実施方法は、大きく分けて2つのパターンがある。1つ目は事前に録画した動画をアップロードするもの。何度も撮り直しができ、自己PR動画とも言われる。2つ目は、企業のシステムを使い、その場で出たお題に答えるものだ。こちらはより面接に近いと言える。

動画面接は、1次面接でおこなわれる集団面接の代用になっていることが多い。つまり、目的は不自然な挙動がないかなど、学生の第一印象の確認である。対面の面接と気をつけることは変わらない。「見た目」と「中身」を磨こう。

□表情や声のトーンで自分を魅力的に表現しよう

カメラが目線の位置にあるかどうかや、光の当たり具合で印象は変わる。必ず確認しよう。

□自分の言葉で話す

カンペを見ながら話す人がいるが、賛成できない。話し方に抑揚《よくよう》がなく、不自然に聞こえるからだ。話の流れだけを明確にしておき、あとは目の前の人に話すように意識して撮影しよう。誰かに、画面やカメラの向こう側にいてもらい撮影する方法もある。

□屋外で撮影してみる

自己PR動画であれば、受ける企業の社風によっては、自分の趣味や特技をアピールするために屋外で撮影するのも手だ。ただ、伝えたいことが、採用担当者に分かりにくくならないように気をつけよう。特に音声を聞き取りやすいかが大事だ。

□フリップやホワイトボードを活用する

フリップやホワイトボードを示しながら話せば、話の内容を可視化できる。事前に論点や話の流れを明確にしておこう。主張したい点がはっきりし、分かりやすい動画になる。ただし、あくまで伝わることが第一。凝《こ》りすぎる必要はない。

Column

最終面接まで複数社いくのに、すべて落ちてしまった優秀な学生

毎年、就職留年して、我究館の門を叩く学生がいる。努力や能力が足りないわけではない。むしろ一般的には優秀と見なされる学生が多く、「総合商社4社、最終で落ちました」「第一志望に最終で落とされました」と言う人がほとんどだ。学歴はMARCH以上、TOEIC®は800点以上、リーダーシップもあり人当たりもいい。学生時代に力を入れたことも語れる。書類や1次面接は通る。2〜3次面接も高い割合で通る。

しかし、その通過率の高さゆえ慢心し、最後の最後で詰めが甘くなる。それまでと同じ内容で、最終面接を受けに行って落とされてしまうのだ。

何がいけなかったのか。最終面接は「志望度の高さ」を見られているのだ。本気でその企業で活躍しようとしている学生のみ、内定を得られる。落ちた人はそこをないがしろにしていた可能性が高い。

最終面接の案内を受け取ったら、そこからが最後の勝負だ。その企業で働く覚悟で、入社後自分がそこで活躍するイメージを明確に描き、自信を持って語り抜く準備をしよう。

Chapter 2

絶対内定する「面接」戦略

本書は面接で話す「中身」と「見た目」の両側面から
面接を解説している。
どちらかがよければ内定というものではない。
両者がそろって初めて、最終面接を突破できる。
そのためには、両者を準備するための「戦略」が必要不可欠だ。

面接には「見た目」と「中身」の両方が必要だ

面接で評価される重要な要素は、「見た目」と「中身」だ。

どちらが大切ということではない。**両方あって初めて内定を獲得できる。**

「見た目」とは、きみが無駄に**減点**されないための**自分の印象**だ。

例えば、立ち居振る舞い、話し方や服装、髪型、表情、オンライン面接でのカメラ映りなど。

面接官は話している内容以上に話しているきみを見ている。リーダーシップを語る学生に対しては「見た目や話し方の印象は人を動かすものか。本当に語っているようなことをしてきたのか」などを想像しながら面接している。

「中身」とは、きみが面接で**加点**されるために、必ず手にするべきものだ。**自己PRや学生時代に力を入れたこと、志望動機**のことだ。

きみが何を主張しようとしているのか、面接官に何をアピールしようとしているかを、一度話しただけで伝わるよう工夫する。その上でほかの学生との差別化も考える。

「見た目」を整えることが得意な学生は「中身」が弱くなる傾向にある。表面を整えて就職活動を乗り切ろうとするが、中身がないために落とされてしまう。一方、「中身」は考え抜いているが、それを話す本人の「見た目」が整えられていないケースも多い。両方磨くことが重要なのだ。

面接官はここを評価する！

見た目　減点の対象

- 立ち居振る舞い
- 話し方
- 服装など

＋

中身　加点の対象

- 自己PR
- 学生時代に力を入れたこと
- 志望動機

＝

面接の評価

「減点」を極力抑え、
「加点」を増やしていこう！

「見た目」を磨いて、1次面接を突破する

繰り返し語ることになるが、見た目の影響は非常に大きい。

僕の知り合いの面接官は、次のような話をしている。

「1次面接を担当していますが、私に与えられている時間は短く、1人の学生を5分程度でジャッジしなければいけないのです。話している内容では判断がつかないので、見た目で合否を決めます。見た目とはイケメンか美女かとか、造形的な意味ではなく、**服装や話し方から伝わる、その人が持つ雰囲気やオーラのようなもの**ですね。そもそも『イマイチだな』と思う人が多くいるので、その人から落とします」（人材業界）

「2次面接では、じっくり話す時間があります。長時間話す中で内容もしっかりと聞く一方で、人物も見ています。**『一緒に働きたいか』を見る**ためです。どれだけ論理的に話をしていても、なんだか一緒に働きたいと思えない学生がいるのも事実です。知識面や論理性で優秀さを感じても、印象が悪いと落とすこともあります」（総合商社）

「最終面接では、印象の部分は無視できない。当社の場合は最終面接まで6回面接があります。そこまでの面接で能力などの優秀さはしっかりと確認されています。そのため、**話している内容だけでは差がつきにくい**のです。そこで注目するのが見た目です。話し方や表情、立ち居振る舞いも

しっかりと見ます。入社後に働いているイメージはあるか、幹部候補生としてクライアントの前に出しても恥ずかしくないかも含めて見ます」（大手銀行）

結局、何次面接だろうと、見た目が大きく影響していることが分かるだろう。なぜなら、きみは入社後にその企業の看板を背負うことになるからだ。

大学生が憧れるような企業に勤めている人と会ったことはあるだろうか。

例外なく素敵な人ばかりだ。特に商社や広告業界は数ある中でも「人」で勝負している業界なので見た目にも気を使っている。説明会や社会人訪問を通して出会った学生は、ことごとく「素敵だった」と高揚しながら報告に来る。

能力の高い人であるほど、話す内容と同じくらい見た目にも気を使う。

少し思い返してみると、そうではないか。

きみたちの周りにいるリーダーが、リーダーとして堂々とした振る舞いをするように。

国のトップや大企業の経営者が、着る服やプレゼンのスタイルにこだわるように。

そして、僕たちがその印象によって、その人を判断するように。

「中身」を磨いて、最終面接を突破する

「見た目」の話をしてきたので、誤解を与えているかもしれないが、「中身」がなければ何も始まらないことを強調しておきたい。**最終面接で合否を決めるのは、やはり中身だ。**

あくまで**見た目は、減点対象。**

できていれば印象はいいが、それだけで最終面接を突破できるというものではない。できていなければマイナス。できていたとしても、加点にはならない。

一方で、**中身は加点対象。**

話す内容によって、面接官はきみを採用するかどうかを決める。

「自己PRを話してくれるが、みんなこちらに媚《こ》びたような内容になってしまっている。人事が『当社が求める人物像』として語ったものを、ただなぞって発言しているだけ。もっと本人が本当に大切にしてきた価値観や磨いてきた力、大げさに言うと生きてきた哲学のようなものを聞かせてほしい」（エンターテインメント業界）

「学生時代に力を入れたことは、みんな似たような話をする。サークルメンバーのモチベーションを上げた話や、新入生歓迎会の集客の話など『王道』の話がある。質問をする面接官側の問題もあ

るが、似た話をされると退屈してしまうのも本音。魅力的に聞こえるように工夫をしてほしい」（大手広告代理店）

難関企業であればあるほど、選考が進むにつれて、優秀な学生しか残っていない。「全国〇位の実績」「〇〇人の集客に成功」「海外で〇〇なことを成し遂げてきた」など、明確にがんばってきたことがある人も少なくない。実績勝負だけでは最終面接の突破は難しいのだ。

他者との差別化のために、自分の何をどのように伝えるのか、工夫が必要だ。きみの大切にしてきた価値観、努力のプロセス、強みなど。どの話をすれば、面接官に興味を持ってもらえるのか、きみの魅力が届くのかを考えるのだ。

Chapter 3

「自己ＰＲ」と「学生時代に力を入れたこと」対策

ここでは、面接で
「何を」「どの順番で」「どのように」考えればよいか、解説する。
きみが学生生活をどのように過ごしたとしても、
きみらしく自分をアピールできるよう、
あらゆるケースのサンプルを準備した。
きっと参考になるものが見つかるはずだ。

今の時代に通用する自己PRの作成方法

時代の変化とともに、有効な自己PRも変わる。

今なら、「私の強みは、●●だと思っています。それは△△（価値観）という思いがあるからです。実際に、その強みを活かして○○な結果を残してきました」とするといい。

変化が速く大きい時代だからこそ、自分そのもの、すなわち自分の価値観を語ることだ。

企業は強いメンタリティーを持った人材を獲得したいのだ。

各社のエントリーシート（ES）を見ても、人気が高く競争率の高い、いわゆる一流企業ほど、その質問項目が変わってきた。

単純に強みを尋ねるものは減り、「これまでの人生における決断のシーン」や「どんな思いを持って挑戦したいのか」など、**まさに価値観を問う傾向がある。**

どういう思いを持って生きてきたのか、きみの根底にある価値観を語るべきだ。

自己PRの作成方法

1. 行動事実

主体性を持って取り組んだこと

▼

2. 価値観・コア

それに取り組んだ背景や思い

▼

3. PRポイント

特に力を入れたこと・アピールしたい能力

▼

4. 結果

実績・得たもの・学び・今後の抱負

価値観を語るには、その価値観を育んだ背景（過去の経験や環境など）も語る必要がある。また、その価値観に基づいて打ち込んだこと、さらには、その価値観を持って将来どんなことに取り組みたいのか、ビジョンを語る。

ビジョンは、世界や社会の動きを踏まえたもので、なおかつ、そのことに触れた内容であることが望ましい。

過去の経験や環境を説明するときに、悲しかったことや悔しかったことを説明する必要があるときもあるだろう。その時はエモーショナル（感情的）にならないよう、**ごく簡潔に**語るようにしたい。

自己PRというと、いきなり具体的な詳しい話をし始める人がいるが、それはよくない。聞き手は興味のない「自分語り」にうんざりするだろう。それどころか、コミュニケーションが上手にできない人だと思われてしまう。これでは逆効果だ。

基本は30〜45秒。長くても1分に収める。詳細は不要、**ポイントを押さえて簡潔に語る**のだ。面接官が興味を持った部分を尋ねてくれたら、そのとき初めて詳細を伝えればいいのだ。

例

「私は小学校から3度転校してきました。常識が少しずつ違う場所で過ごすことで、本当に正しいことは何かを追究する姿勢が身についたと思っています。また、周りに流されずに発想し提案する力も身についたと思っています。これまでバンドやサークル、ゼミなどでリーダーの経験をしてきましたが、将来は大きな世界でよりよい社会のためにリーダーシップを発揮していきたいです。世界に貢献するには、人々といい関係を築きながらも互いに自立して持続的に成長できる環境をつくっていくことが大事だと考えます。だからこそ世界の発展と安定を目指し、グローバルレベルでビジネスを展開していきたいと考えています」

例

「私の短所でもあり長所でもあると思うことは、マジメであることです。幼少期の経験からか、人の期待を裏切りたくないという思いが強いです。マジメ過ぎて不器用な面もありますが、コツコツと着実に結果を出せると自負しています」

2025年卒は、「挑戦した経験」を問われた

成否を問わず、これまでの「挑戦」について聞く企業が増えている

2025年卒は、コロナ禍で学生生活を送った学年だ。対面で何かをするという機会自体がなかったことに配慮してか、「あなたが挑戦したことを教えてください」「これまでにしたことのある最大のチャレンジとはなんですか」といった、何か挑戦したことについて聞かれることが増えているようだ。成否ではなく、何かに挑戦したこと、できれば自分の実力に比して、大きなことにチャレンジしたエピソードを聞くことで、人間性、志向、ポテンシャル、自分から動いていく力があるかなどを見ている。

エピソードは、トレンドとは関係なく、しっかり自己分析（我究）ができてさえいれば、過去の話でも、学業でも、課外活動でも、究極的には何でもいいのだ。自己PRとは本来非常にシンプルなものだ。「自分はどういう人間であり、どのような経験や能力があって、どのような目標を持っているか」という人間性を志望動機にからめて伝えられればOKだというところをしっかり押さえておいてほしい。

例

「専攻はマクロ経済です。コロナ禍などで混沌《こんとん》とした世界経済ですが、20年後の世界がどうなっているかと、ゼミでは、人口や成長率などをもとに、2040年のマクロ経済予測をテーマに研究しています」

例

「情報工学を専攻しています。配属予定の研究室でおこなう、画像認識AIに関する情報セキュリティ上の問題分析に備え、機械学習の原理を学んだり、Pythonを使用して機械学習モデルの構築をおこなったりしています。きっかけは、AI技術を悪用して作成された、オバマ元大統領の演説の精巧《せいこう》なフェイク動画を見たことです。技術の不正利用や複製がされないように、情報セキュリティについて研究したいと思いました。また、画像認識AIの一種であるOCR技術にも興味があります。教材で学習するだけでなく、公開されている海外の漫画を自動翻訳するプログラムを作成するなどして、理解を深めています」

例

「大学では、情報工学について幅広い知識を学んでいます。1年生の頃から、プログラムに関するアルゴリズムや、設計思想を学んできました。そして、それらを実装し、動作確認などもおこないました。また、技術者としての倫理に関する法律を学びながら、今後どう社会に貢献していくのかについても考えています。さらに、ソフトウェア開発の手順や考え方を学んでいます。来年からは、情報社会の根幹を支えるセキュリティについて研究したいです」

より アピール度の高い「16の法則」を使って話す

同じエピソードでも、面接官が「またあの話か」と思うか、「この学生はしっかり考えて行動している」と思うか。**切り口の違いで印象はまったく変わってくる。**

であれば、アピール度の高い切り口で話をするべきだ。ここでは16の法則を紹介する。

面接官に伝えたいのは、**きみが「組織で活躍する人材」であること**だ。

組織で活躍する人はどんな行動をしているだろうか。想像してみよう。

例えば「1人でがんばる行動」だけをアピールする人。

この人の評価は残念ながら低い。がんばってきたことはとても素晴らしい。しかし、面接官に伝えるべきなのは**「みんなを巻き込んだ行動」**だ。そのほうが組織での活躍を予感させる。

次の項からは、同一人物のアピール内容を、「Before」「After」で並べている。何を、どのように磨き上げれば、よりアピール度の高い内容になるのかが具体的に分かるはずだ。

きみの魅力を最大限アピールするためにも、16の法則を使いこなそう。

アピール度の高い
16の法則

1. 表面的な行動より、コア（価値観）に直結した行動
2. 受動的な行動よりも、能動的な行動
3. 1人でがんばる行動より、みんなを巻き込む行動
4. メンバーの1人より、実質的なリーダー
5. ただのまとめ役より、アイデアの発案者兼まとめ役
6. 単なる改善より、コンセプトレベルからの改善
7. 単発イベントよりも、継続的な活動
8. 多くの人がやっていそうなことより、コンセプトがユニークなこと
9. みんなと同じような工夫より、ユニークな工夫
10. すんなりうまくいったことより、困難を乗り越えたこと
11. 今だけの改善より、後々まで影響する構造的変化
12. そこそこレベルよりも、突出したレベル
13. サポートする立場よりも、当事者としての活動
14. 勉強系あるいは肉体系オンリーよりも、勉強系と肉体系の両方
15. マイナスから±0よりも、結果としてプラスの話
16. 結果で語るのではなく、過程と結果のバランスをとる

切り口の違いで
きみの印象はまったく違うものになる！

アピール度の高い法則 1

表面的な行動より、コア（価値観）に直結した行動

なぜそれをやろうと思ったのか。どういう思いからそれをやろうというパッションがわき出てきたのか。**自分のコアを踏まえて語る**ことだ。どんなにすごいと思える話も、思いや情熱が伝わらないと、どこか薄っぺらい印象になる。

左ページのBeforeを見てほしい。盛り上がったのは分かるが、話に深みがない。もったいない印象だ。次の点を、改めて考えてみよう。

□そもそもどうして学園祭で集客を増やしたいと思ったのか
□どうしてオークションをやろうと思ったのか。集客を増やすこと、オークションで盛り上がることを通して、何を実現したかったのか
□「オークションを実施する中」で、特にアピールしたいことがあるのだろうか（おそらくあるはず。それは何？）
□オークションが盛り上がった経験の中で、きみが一番うれしかったことは何か。どうしてそれがうれしかったのか

Before **表面的な行動の例**

学園祭のイベント運営委員として、オークション企画を実施しました。学園祭の目玉イベントとして、集客力を高めたいと思い、オークション企画を提案。その際、出品を依頼したり、運営の指揮をとったりと活躍しました。その結果、昨年比2倍の集客を実現しました。

After **コアに直結した行動の例**

みんなが喜ぶために知恵を絞ること、そこに喜びを感じます。毎年盛り上がらない学園祭を盛り上げたい。しかし予算はない。そこで、オークションを企画しました。商品は学内だけでなく、学外を含めたほぼすべてのサークル、さらには近所の商店街にも声をかけ、集めました。その結果、学園祭全体で昨年比2倍の集客が実現しました。どうしたら多くの人が喜ぶか、そのアイデアを練ること、それを形にしていくことに、私は何よりも喜びを感じます。

出だしの一文がコアで、
最後にもう一度コアをプッシュしている。
このように具体例で見ると一目瞭然だ

アピール度の高い法則 2

受動的な行動よりも、能動的な行動

「受動的な行動」とは、たくさん音楽を聴いたとか、本を読んだとか、インスパイアされた経験のこと。それらはもちろん尊い。

だがそれよりも、音楽を作った、楽器を演奏してきた、バンド活動をしてきた、本を書いてきたという**「能動的な行動」のほうが評価は高い**のである。

イメージ的には、お客様側の立場での話ではなく、主催者側の立場の経験。ライブで言えば、聴衆ではなく、ステージサイド、あるいは主催者・運営者サイド。東京ディズニーランドであれば、ゲストではなくキャストの経験を語るべきだ。

例えば留学中の経験でも、受け身的に勉強した（インプットした）話ではなく、どれだけ教授や学校、ほかの学生に刺激を与えた（**アウトプット**した）のかという切り口で語る。

Beforeの例では、よくがんばったのだろうが、受動的な行動の枠を出ていない。授業を通じて、「同じ授業をとっている、ほかの学生や指導教授に与えたもの」は何かなかっただろうか。きっとあったはず。押さえておきたいモットーは出ているが、どんなことを追いかけていきたいのかは不明だ。

Afterとの「違い」をしっかり押さえておこう。

Before　受動的な行動の例

大きな目標は小さな目標の積み重ねである。これが私のモットーです。私がこのことを実感したのは、経済政策の授業です。毎週テストとレポートがある厳しい授業ではありましたが、毎回授業に出ているうちに、最初は意味が分からなかった内容についても理解が深まり、「継続は力なり」だと感じるようになりました。このことから、どんなことも確実に積み重ねていけば、最終的には大きな力になることを学びました。

After　能動的な行動の例

自分が本気でぶつかれば大きな影響を与えられる。それが私のモットーです。私がこのことを実感したのは、経済政策の授業です。毎週テストとレポートがある厳しい授業ではありましたが、毎回予習し、先生に質問をぶつけ続けるうちに、自分の理解が深まっただけでなく、先生や周りの学生のテンションが上がっていくのを実感しました。理論や過去の事例を学ぶだけでなく、現在の日米中の経済政策を議論することを教授に提案し、1コマ割いて活発な議論を実現することもできました。今後も自分から本気になることで周りを刺激し、大きな影響を与えていきたいです。

B級体験（単なる楽しい体験）から、
一気に特A級（主体的行動に基づいて多くの人をインスパイアした体験）になった

アピール度の高い法則 3

1人でがんばる行動より、みんなを巻き込む行動

1人で何かをやるより、**みんなを巻き込んだ話のほうが評価は高い。**

例えば、趣味として1人でギターを練習するより、バンドを組んでやってきた人のほうが、評価は高い。ほかには勉強会を立ち上げた話、ボランティアグループをつくって活動した話など。**きみという人間が、周囲に対しどれだけ影響力を持てる人なのか。**

Beforeの例では、「行動すること」が具体的に何を指しているのか不明確。聞き取れない状況から具体的にどんな行動をしたのか。だんだん聞き取れるようになってきてから、勇気を出してどんな行動をしたのか。聞き取れるようになってきてからの「行動」の中身や、どうしてそれをやったのかを加えることで、この経験からきみの価値観を伝えることができるはず。

さらに、行動することの素晴らしさ（行動することで得られるものがあること）を留学経験で知り、帰国後、どんなことにどういう思いで取り組んだのか。それこそが面接官の聞きたいことであり、アピールするべきことだ。

Afterと比較をし、アピールポイントが変わっている点に注目してほしい。

Before

１人でがんばる行動の例

大学２年の春、オーストラリアのブリスベンへ短期留学しました。最初は、先生やホストマザーの話す英語が聞き取れず苦労しましたが、３カ月を過ぎたあたりから、だんだん聞き取れるようになり、最後には英語で自分の意見も言えるようになりました。何事も行動することが大切で、行動することで得られるものがあるということを留学経験で実感しました。

After

みんなを巻き込む行動の例

思い切って行動すること、後悔しないようにがんばること、がモットーです。例えばオーストラリア留学では、最初は英語もよく聞き取れなかったのですが、思い切って課外のディスカッショングループに参加しました。帰国直前には、グループを代表してオーストラリア人の学生と２人で30分のプレゼンテーションをやるまでになりました。また、その過程で、本気でがんばっていると必ず誰かがサポートしてくれるということも知りました。これからも、みんなと共有できる感動を求めて、思い切って挑戦したいと思います。

最初に大切にしている価値観を
語ることにより、人柄が伝わる。
また、周囲を巻き込んだ行動が入ることにより、
その価値観が本物であることを証明できている

アピール度の高い法則 4

メンバーの1人より、実質的なリーダー

当然、誰かが作ったものに参加したメンバーとしての行動よりも、**実質的なリーダー**としての行動のほうが評価は高い。さらに「創設者」であれば、0から1を生み出す力がある（無から有形のものを作り出せる）ことが伝わるため、より評価は高い。

Beforeの例は、素晴らしい経験だと想像する。しかし、次のポイントを押さえた上で、もう一度語って（書いて）みよう。

本当に自信があるのは、忍耐力と体力だけだろうか。ほかにはないか。相手を慮《おもんぱか》った上で、具体的にどんなことをしてきたか（きみはほかの部員とどう違うのか）。何かリーダー的にやったことはないのか。

その大学の登山部は、きみが所属していたことで、どんなことが変わったか。きみが何か変革をもたらしたことはないか。登山部をもっと素晴らしい部にするためには、さらにどんなことがあるといいか。そのために何かやったことはないか。何か今できることはないか……。

役職が「リーダー」かどうかではない。**主体的に周囲を巻き込んでいれば、実質的なリーダーとして評価される。リーダーシップとは、ポジションではなくアクションだ。**自分の経験に照らし合わせて考えてみよう。

Before **メンバーの１人の例**

大学時代、登山部に所属し、毎年２カ月もの間、山での生活を送っていました。大自然の中での厳しい生活で培った忍耐力と体力には自信があります。また、２カ月もの長い期間、先輩や後輩と生活を共にすることでチームワークや相手を慮る力もついたと思います。素晴らしい景色の中で築いた友情は、一生の宝物です。

After **実質的なリーダーの例**

私はみんなで力を合わせて目標を達成することに喜びを感じます。登山部に所属し、毎年２カ月もの間、山での生活を送っていました。大自然の中で、危険が伴う厳しい生活で培った忍耐力と、考え抜く力、みんなで気持ちを合わせる力には自信があります。例えばみんなの命を守るためにどのルートにするか、吹雪の中で立場を超えて本気で議論してきました。これからもみんなで力を合わせてより大きな目標を達成していきたいです。

少しアプローチを変えただけで、
友情だけでなく、真剣に頭を使ってきた様子や
遠慮なしに議論する中で培った友情が
ストレートに伝わってくる

アピール度の高い法則5

ただのまとめ役より、アイデアの発案者兼まとめ役

組織の創設者やリーダーではなくても、よりよいものにするための**何らかのアイデアの発案者であれば、当然ながら評価は高くなる。**

Beforeの例でも、気持ちは伝わる。しかし、実は「本気になって接すれば分かってくれる」という趣旨の話が、具体例の中に入っていない。おそらく、自分が本気になることで、アルバイトの方々の仕事に対する真剣さや、シフトへのコミットメントがアップした（直前の休みが減ったなど）ということを言いたいのだろうと推測はできる。次のような疑問点をクリアにしてみよう。

□シフト調整役として、シフトがより正確かつスムーズになるように話し合いをしたこと以外に、何かアイデアは出さなかったのだろうか。きっと出したはず

□きみがシフト調整役を終えた後、あるいはアルバイトを辞めた後も受け継がれるような工夫を何かしただろうか。おそらくきみが一生懸命になることで、あるいは話し合いをすることで、よりよく変えた雰囲気は、少なくともしばらくは受け継がれるだろう。しかし、それをもっと確実なものにするためにできることはあるはず

Before **ただのまとめ役の例**

本気になって接すれば、人は分かってくれる。これはファストフードのアルバイトを通じて学んだことです。アルバイト・リーダーとしてアルバイト全員のシフト調整を任されることとなり、一人ひとりとじっくり話し合うことで、うまくシフトを組むことができ、急にアルバイトに行けなくなったときなども、お互い助け合って仕事をするようになり、アルバイトの団結力も高まりました。

After **アイデア発案者兼まとめ役としての例**

本気になって接すれば、人は分かってくれる。これはファストフードのアルバイトを通じて学んだことです。アルバイト・リーダーとしてアルバイト全員のシフト調整を任されたことがあります。一人ひとりと、希望のシフトをはじめ、感じている問題点やその改善案をじっくり話し合いました。その結果、うまくシフトを組むことができただけでなく、みんなのアルバイトへの姿勢やお店の雰囲気が変わったのを感じました。例えば、急にアルバイトに行けなくなったときなども、お互い助け合って仕事をするようになりました。このことはその後店長経由で本社に報告され、今ではほかの店でもアルバイト・リーダーの役割として共有されています。これからも、アイデアを出してみんなに喜ばれ、より大きな影響を与えていきたいです。

自己PRでは、現在進行形でやっていることを述べてもいい。結果が出ていることも大切だが、それ以上に「プロセス」を採用担当者は重視しているのだ

アピール度の高い法則 6

単なる改善より、コンセプトレベルからの改善

アイデアの発案にしても、よくある既定路線の中での創意工夫の話なのか、それとも、**そもそものコンセプトレベルから、新しい流れをつくり出した経験**なのか。実際、「(既定路線での)創意工夫をしました」という話は、8割ぐらいの学生がすると思っていい。これでは「またか」で終わってしまう。

Beforeの例で、面接官が抱く疑問は次のようなものだ。

□どうして「そのまま使っていること」に疑問を持ったのだろうか
□どういう思いがあって「より分かりやすく改善」したのか
□演劇サークルについて、「よりよいもの」とはどういうものだと思っているのか

これらの切り口でもう一度考えてみるのだ。

ほかにも「なぜ?」で改善した話を、ゼミやアルバイト経験などから用意しておきたい。

このように、自分ががんばった背景にある思いや問題意識を話すだけで、ほかの学生よりも「ワンランク上のアピール」ができるようになる。

Before 単なる改善の例

常に「なぜ？」という問題意識を持って物事に取り組んできました。演劇サークルでは、毎年3年生が演じていた台本を「なぜそのまま使っているのか」と疑問に思い、台本をより分かりやすく改善しました。よりよいものを作るために、これからも勇気を持って「なぜ？」と問いかけていきたいです。

After コンセプトレベルからの改善の例

常に「なぜ？」という問題意識を持って物事に取り組んできました。演劇サークルでは、もっと自分たちもお客さんも楽しめる演劇づくりを目指し、いくつかの改善をしました。例えば、毎年3年生が演じていた台本をより楽しく分かりやすく書き直しました。これにより、みんなが新しいものをつくるという新鮮な気持ちで練習にも本番にも取り組むことができました。より多くの人に喜ばれ、自分自身も楽しめるよう、これからも勇気を持って「なぜ？」と問いかけていきたいです。

思いが明確になった。
単に変えるだけでなく、変えたことで
どんな効果があったのかについても、
明確になっている

アピール度の高い法則 7

単発イベントよりも、継続的な活動

パーティーや会合などの単発イベントの話よりも、**継続的な活動のほうが評価は高い**。単発イベントだと主催者側の自己満足で終わっているケースが多い。継続してやることで初めて見えてくるもの、すなわち継続の中での**困難や喜びをどれだけ知っているのか**を見ているのだ。

Before の例は、単に「やってきたこと」の話になっている。「伝えたいことは何か」を今一度明確にしよう。

□ライブの運営を通して何を感じ、何を学び、自分の中でどのような変化があったのか

□企画の段階から、そもそもどんなコンサートをどんな思いで企画したのか

こんな具合で、がんばったポイント、工夫したポイントをすべて挙げてみよう。

おそらく出演バンドの仲間以上の思いで、彼ら以上のがんばりを継続的にしてきたはずである。

それをアピールできるような「具体的な出来事」を見つけ出そう。

Before 単発イベントの例

大学祭でのロックバンドのライブ運営を大成功させたこと。これが私の誇りです。最初はチケットが「完売しないかも」という不安がありましたが、声を出して「当日券あります」と校内を駆けずり回り、開演2時間前には完売しました。何事もあきらめずに最後までやることが大切だと感じました。

After 継続的な活動の例

リーダーは何をするべきか、実際に行動しながら学んできたつもりです。自分たちで作った音楽サークル代表として、全員でサークルの目標を決めたつもりが、つい各バンドの練習に夢中になり、結局、サークルの運営に関しては私1人で動いてしまうことが多かったことを反省しました。そのため、ライブ運営は全員に役割を持ってもらい、定期的な会議を持ちました。全員が8つのバンド活動と兼務する中での予定調整は難しかったですが、深夜の時間も利用しながら、引退までに10を超えるライブを実施できました。みんなで目標を心から共有すること、そして常に全体を見渡し、役割分担をし、責任を持たせることの大切さを胸に刻みました。

別人のように大人の印象を受ける。
シンプルに「成功しました」と言うよりも
ずっと、信頼性を高めさせる

アピール度の高い法則 8

多くの人がやっていそうなことより、コンセプトがユニークなこと

多くの学生がやっているようなことよりも、できれば誰もやっていないようなこと、そのコン**セプトがユニークであることのほうが面接官の評価は高い。**

多くの人が当たり前と思っていることの延長線上の話をするのではなく、「自分はこう考える」という、**自分なりのコンセプトに基づいた行動を語る。**さらにそのコンセプトが新しければ、なお評価が高い。

Before の例のように、マラソン完走を語る学生は多い。

コンセプトを考えるときに、次のような視点を加えると新たな切り口が見える。

□目標は全員完走することだったのか。目標タイムなどは設定しなかったのだろうか（出場者のほとんどが完走することを、多くの面接官は知っている）

□目標のためにどんな準備（工夫・トレーニングなど）をしただろうか

Before　多くの人がやっていそうなことの例

高い目標に向かってがんばればがんばるほど、達成感も大きい。大学2年のときに、ホノルルマラソンに友人4人と挑戦しました。仲間と励まし合いながら、自分にプレッシャーを与えることで、完走できました。この経験を通じて、自分の限界に挑戦することと、友人と同じ目標に向かって努力することの大切さを学びました。社会に出てからも、チャレンジ精神を持ってがんばりたいと思います。

After　コンセプトがユニークなことの例

「中身も外見も美しくなること」を目指してきました。ダイエットのために女子4人でフルマラソンに挑戦しました。6カ月前から、週1回の練習を始め、結局週３回５キロのランニングで、4人全員、目標であった「一度も歩かずに完走」を達成することができました。友人と同じ目標に向かっての努力は、何よりも楽しく、当日歩きたくなったときも、力がわいてくるのを感じました。結果的に4人で合計13キロの減量に成功しましたが、それ以上に自分に自信を持つことができ、その後の学生生活ではゼミやアルバイトに全力投球できました。

「挑戦」はきっかけだったと位置づけ、
それが自分と自分自身の行動に
どのような変化をもたらしたのか。
しっかりアピールできていることで、
ユニークさを感じる

アピール度の高い法則 9

みんなと同じような工夫より、ユニークな工夫

何かをやる上でいくつもの工夫があるはずだが、**「みんながやっていないような工夫」をした話のほうが、評価は高い。**

サークルやアルバイト、留学、ゼミに至るまで、学生がよく語る「同じような工夫」がある。その他大勢と同じ話をしていては、印象に残らない。きみにしかない工夫を見つけて話そう。

Beforeの例について、次のようなことを加味して、ユニークな工夫を考えてみよう。

□「生徒やほかの先生と徹底的に話し合う」ことで、きみは具体的に何を変えたのだろうか

□そもそもきみはどんな思いがあって塾講師をしたのだろうか。生徒に何を伝えたかったのだろうか。生徒に何を与えたかった（得てほしかった）のだろうか。本当にその手紙をもらったことが「何よりもうれしかった」ことなのだろうか

□きみが気づいたことは、ほかの講師にもプラスの影響を与えたのだろうか。将来の講師には受け継がれるのだろうか。それともきみの生徒だけがたまたまその恩恵を受けたのだろうか

Before **みんなと同じような工夫の例**

塾講師のアルバイトを通じて得たのは、「相手の気持ちになって考えることを忘れてはいけない」ということです。生徒から「先生の授業は分かりにくい」と言われ、どこが分かりにくかったのか、生徒やほかの先生たちと徹底的に話し合いました。相手の話に耳を傾けることで、生徒たちから「分かりやすい授業ありがとう」と手紙をもらったことが、何よりもうれしかったです。

After **ユニークな工夫の例**

塾講師のアルバイトを通じて学んだことは、「本気になることの大切さ」です。生徒から「先生の授業は分かりにくい」と言われ、どこが分かりにくかったのか、生徒やほかの先生たちと徹底的に話し合いました。また、自分の授業を録画し、話のスクリプト全体としゃべり方を研究しました。突き詰めた結果気づいたのは、実は教え方やしゃべり方よりも、生徒の成長を願う気持ちが自分には足りなかったということでした。最終的に「分かりやすい授業ありがとう」と手紙をもらったことが、何よりもうれしかったです。大切なことを生徒に教えてもらいました。

取り組みの工夫もおもしろいが、
それ以上に、そこからの気づきや
学びも素晴らしい

アピール度の高い法則10

すんなりうまくいったことより、困難を乗り越えたこと

すんなりできそうなことよりも、**大きな困難を乗り越えたことこそ評価は高い。**

結果の成否や成果の大小の話をしているのではない。

きみが、きみなりに困難を感じ、乗り越えた経験を面接官は聞きたいのだ。

Beforeの例では、すんなりうまくいったことのように受け止められる可能性がある。

笑顔のことをアピールしたいのであれば、笑顔を引き出すことの難しさを添えるだけでがんばった様子が伝わるだろう。

□笑顔であるために、自分が工夫していることにはどんなことがあるのか

□「お客様のニーズ」を把握しようとしてきたと思うが、具体的にはどんなふうにおこなったのか。具体的にどんなことがあったのか

アルバイト先ではさまざまな宴会があったことだろう。宴会の趣旨によって工夫したことがあったのではないか。そのあたりが見えてくると、より「乗り越えた」話として伝わるだろう。

Before **すんなりうまくいったことの例**

私は「お客様の笑顔が何よりの喜び」をモットーに、学生時代、ホテルの宴会場でのアルバイトに励みました。接客のアルバイトを通じて「笑顔が笑顔を呼ぶ」ということを、身をもって学び、いつでも笑顔を絶やさないよう気をつけました。これからも、1人でも多くのお客様が笑顔でホテルを後にするよう、お客様のニーズに合ったサービスと笑顔を提供していきたいと思います。

After **困難を乗り越えたことの例**

私は「お客様の笑顔が何よりの喜び」をモットーに、学生時代、一流ホテルの宴会場でのアルバイトに励みました。接客のアルバイトを通じて「笑顔が笑顔を呼ぶ」ということを身をもって学び、プロとしていつでも自然な笑顔を絶やさないよう気をつけました。お客様の要望レベルが高く、ちょっとしたミスが大きなクレームになるのを何回も見てきました。そのため、宴会の趣旨に合わせ、それにふさわしい笑顔や雰囲気作りも心がけてきました。これからも、1人でも多くのお客様が笑顔でホテルを後にするよう、お客様のニーズに合ったサービスと笑顔を提供していきたいと思います。

少しの追加だけで、
仕事場の緊張感、
難易度、困難が伝わるようになった

アピール度の高い法則11

今だけの改善より、後々まで影響する構造的変化

とりあえず今だけの改善より、自分の引退後、卒業後まで影響力が残るような**「構造的変化を生み出すような工夫をした話」のほうが、評価は高い**。新しい流れは一時的なものだったのか、それとも脈々と続くものなのか。

Beforeの例では、自己満足の印象を受ける。その時にケガがなかったのはよかったが、再発はないと言い切れるのか。次のような切り口で再度考えてみたい。

□事前に予測できなかったことは反省するべきである。「無事にライブを成功させることができました」という文章のトーンも考えたい。たまたま無事に終えられただけではないのか

□「みなさんイスを押さえてください」以外に何をしたか。当然ながらその後のライブのため、再発を防ぐために安全面で工夫したこともあるはず

そういったことも考えて再度、アピールするべきことは何なのか考えるのだ。

即座の判断力があること自体は素晴らしいが、それをアピールするからには、事前の予測力や緻密さ、あるいは粘り強さなどとセットにしてアピールしないと不安を与える可能性がある。

Before **今だけの改善の例**

どんな状況でも即座に判断ができる。それが私の特技です。軽音楽部の学内ライブをおこなった際に、突然客席が次々と倒れるというアクシデントに見舞われましたが、演奏中にもかかわらず舞台上ですぐに「皆さんイスを押さえてくださいっ」と声をかけたため、ケガ人も出ず無事にライブを成功させました。

After **後々まで影響する構造的変化の例**

どんな状況でも即座に判断ができる。それが私の長所だと自負しています。軽音楽部の学内ライブをおこなった際に、突然客席が次々と倒れるというアクシデントがありました。演奏中でしたが、舞台上ですぐに「皆さんイスを押さえてくださいっ」と声をかけたため、ケガ人も出ず、無事にライブを終えることができました。この経験からライブの演奏準備にばかり注力しがちな部の体質を改善し、会場設営の人員を増やしました。綿密な打ち合わせの上、来場者に危険が及ばない会場準備を徹底しています。

会場設営の人員を増やすことで
再発対策をとることができている。
この部は、今後もしっかりと取り組んでいくだろう

アピール度の高い法則12

そこそこレベルよりも、突出したレベル

客観的にも突出した結果を出せた話のほうが、当然評価が高い。

しかし、**結果をことさら強調しないこともポイントである。**結果を誇らしげに言えば言うほど、子供っぽくなる。結果はあくまでさりげなく、淡々と。しかしながら堂々と明確に語るのだ。

Beforeの例を改善するならば、次のようなことを考えてみよう。

□「楽しんで学ぶ」ことは大いに結構だが、３カ月間どれぐらい楽しかったのか。勉強など、途中から飽きてくるものをどれだけ楽しめたかで、きみがどれほどに徹底して努力できるタイプかが分かる

□がんばってみて、「さて、何点取れたのか」というスタンスよりも、「何点を目指してどうがんばったのか」というスタンスのほうが、結果にこだわるプロ意識を感じさせる

アピールする際に、出した結果や努力の量だけを語る人が多いが、それではもったいない。「なぜそれをやろうと思ったのか」や「プロセスで大切にしたこと」など、**きみの人となりが伝わるような話を入れたい。**

Before **そこそこレベルの例**

私は「楽しんで学ぶ」工夫をすることを、常に心がけています。TOEIC® テストの勉強も、楽しみながら続けるにはと考え、洋楽CDや洋画のDVDを何度も聴きながら勉強しました。その結果スコアが3カ月で300点もアップし、920点になりました。

After **突出したレベルの例**

TOEIC® 920点を取得するために継続的に勉強したことです。英語に関してはTOEIC® スコアよりも、リスニングや会話など使える英語力を身につけようとしてきました。「努力は苦しいものではなく、楽しんでやるもの」と常に考えてきたので、洋楽CDや洋画のDVDなども使って学んできました。1日3時間、週21時間の勉強を自分に課し、自分との約束を徹底して守ってきました。スコアが取れた時に、結果以上に、そのプロセスで徹底して努力することの大切さを学ぶことができました。

結果も素晴らしいが、そのプロセスからも
徹底して努力する人であることが伝わってくる

アピール度の高い法則 13

サポートする立場よりも、当事者としての活動

誰かのサポートをしたという話よりも、**自分が当事者として前線に立ってがんばった話のほうが評価は高い**。サポートする立場であっても、主体的なアクションを伝えよう。

マネージャーとしての活動も、実はサポートの域を超えて選手やコーチ以上に真剣だったはず。大会前の場の雰囲気調整の話もいいが、それ以外でも継続的に心がけていたことがあるはず。それをしっかり伝えるのだ。

Before の例であれば、次のようなことを考えると当事者としての切り口が見えてくる。

□マネージャーの役割は何だったと思うのか
□どういうサークルであってほしいと思っていたのか
□きみが選手や部長と同様に、あるいはそれ以上に本気になったのはどんなことか
□きみは先輩マネージャーと比べて何が違うのか（どういいのか）
□きみは後輩マネージャーに、どんな影響を与えたのか（後輩マネージャーがもっと素晴らしくなるようにどんな工夫をしたか、あるいはしているか）

Before サポートする立場の例

私が大学生活で最もエネルギーを注いだことは、スキーサークルのマネージャーとして、仲間をサポートしてきたことです。大会前にはリラックスしてもらうよう、積極的に声をかけたり、逆にやる気が足りないときには場を引き締める厳しい言葉をかけたりして雰囲気を調整しました。その結果、サークル対抗の大会では10サークル中3位の総合成績をおさめました。今後もこの経験を御社で生かしていきたいと考えます。

After 当事者としての活動の例

雰囲気を読み調整すること。仲間に勇気と安らぎを与えること。それが私の強みだと思います。大学生活で最もエネルギーを注いだことは、スキーサークルのマネージャー活動です。厳しさと一体感をつくり出せるよう、夏場の練習から全体の雰囲気と、一人ひとりの状態把握に努め、状況に応じて声をかけ、率先して仕事に取り組むことで場を調整してきました。その結果、サークル対抗の大会では10サークル中、この10年で最高の3位の総合成績をおさめました。今後もこの経験を御社で生かしていきたいと考えます。

当事者として活躍したことが伝わる。
マネージャーとして選手のパフォーマンスに
どれだけプラスの影響を与えられたか。
「本気の絆」の影響力の大きさを、面接官は知っている

勉強系あるいは肉体系オンリーよりも、勉強系と肉体系の両方

勉強の話もスポーツの話も素晴らしいが、両方あってこそ評価は高くなる。バランスが重要だ。

Beforeの例は、勉強熱心だがまあまあの評価の域を出ていないのが寂しい。

例えば次のようなことも考えたい。

□先生のアドバイスの範囲内でしか勉強できていない、枠の中でがんばるおりこうさんという印象。自分なりの着眼点で勉強したことはないのだろうか

□きみが自分の考えで突出した経験や、先生に提案した経験、意見が対立した経験など、リーダーシップを感じさせる経験はないのだろうか

□勉強をアピールするのなら、どこかでスポーツ（汗を流しているきみの姿）のイメージも残したい

Afterでは、フルマラソンのエピソードも追加されている。語られているエピソードの「バランス」に着目しよう。

Before　勉強系オンリーの例

ゼミの復習を2年間、毎週欠かさず続けたことです。授業の内容をメモしたものを、頭に入れるためにノートに図表を入れながら書き込み、授業の最後に先生が言う参考図書を、毎回読みました。2年間で100冊近く読んだと思います。毎回半日から1日かけておこなった復習で、ゼミの成績は「優」をとることができました。小さなことをコツコツと努力したことが、大きな成果を生んだのだと思っています。御社に入ってからも努力を積み重ねていきます。

After　勉強系と肉体系の両方の例

コツコツ努力すること。期待以上にがんばること。それが私の長所です。計量経済のゼミの復習を、毎週欠かさず続けています。授業の内容をメモしたものを、頭に入れるためにノートに図表を入れながら書き込み、指定の参考図書や関連の図書や論文を、のべ100冊読みました。また、今後論文を読むのに必要になる数学も独学で学び、ゼミ生にレクチャーしています。また、年4回のフルマラソン出場のため、ゼミ生と一緒に週3回15キロ、個人では朝5キロのランニングが日課です。「全員完走」を目標とし、定期的にランニングコーチのアドバイスも受けながら、技術を磨いています。

勉強系と肉体系、
両方のエピソードを入れることにより、
人としての幅があることが伝わるようになった

マイナスから±0よりも、結果としてプラスの話

「昔は全然ダメだったが、どうにか人並みになった」という類いの話よりも、どんながんばりで、結果としてどれだけ突出できたのかが重要である。

繰り返すが、その場合も結果はさりげなく。言いたいポイントはそこではないとにおわすように。

Beforeの「軽さを最大限生かすことによって、独自のスタイルをつくり上げることができ……」のくだりはゾクゾクする。しかしその後の「大会に出ることができました」で「?」となる。

大会にもいろいろある。どんな大会に出ることができたのだろうか。独自のスタイルをつくるために、小柄なプロ選手などのスタイルをどれほど分析・研究したのだろうか。どれほど真剣であったのか、トレーニングも含め、どれほどの努力が背景にあるのか、このままでは伝わらない。

そして、そもそも目指していたレベルはどのレベルなのか。世界大会出場か、それとも単なる「優勝」か、あるいは大会に「出場」することなのか。

仕事においてきみがどのレベルを目指すのか、非常に気になる。一番になる気は本当にあるのか。

Afterでは狙ってつかみとった結果ということが伝わる。この違いを実感してほしい。

Before　マイナスから±0の例

私は、自分らしさを生かすのが得意です。大学時代、ウインドサーフィンのサークルに所属し、毎日厳しい練習を重ねました。未経験者で、なおかつ体が大きくないため、なかなか上達せず苦労しましたが、自分の体の特徴である軽さを最大限生かすことによって、独自のスタイルをつくり上げることができ、大学3年のときには大会に出ることができました。

After　結果としてプラスの例

私は、自分らしさを生かすのが得意です。大学時代、ウインドサーフィンのサークルに所属し、毎日厳しい練習を重ねました。未経験者で、なおかつ体が大きくないため、なかなか上達せず苦労しましたが、自分の体の特徴である軽さを最大限生かすことによって、自分独自のスタイルをつくり上げてきました。微風では誰にも負けない自信があります。また、この経験を基に、小柄な後輩たちに指導をしてきました。「体格がよい人のみ」が活躍するサークルから、「努力した人」が活躍できるサークルへの変革を目指しています。

**自分独自のスタイルをつくり上げた上に、
それを周囲に伝えている点が評価できる。
また、マイナスを自分のプラスにするだけでなく、
組織全体の向上にまで貢献できている**

アピール度の高い法則16

結果で語るのではなく、過程と結果のバランスをとる

あくまでも**結果はさりげなく伝え、その過程の工夫を語るのだ**。結果も重要なのは分かっているが、アピールしたいのはその過程である。面接官は、結果の成否だけで評価しているわけではない。

Beforeの例では、お好み焼き屋で楽しそうにやっている様子は想像できるが、何をアピールしたいのだろうか。「何もないところから、60人の素晴らしい仲間とワイワイやっているサークルをつくることができた」ことをアピールしたいのだろうか。

その仲間がどれほど素晴らしい仲間なのか、どれほどラクロスに燃えているのか、どれほどの絆なのかは、この例では残念ながら伝わらない。そもそも目指していたのは何だったのか（どんな思いで、どんなサークルをつくろうとしてきたのか）。どんなサークルになったことをアピールしたいのか。

Afterでは結果に至るまでの過程についても触れている。エピソードのバランスを一度考え直して、話に盛り込むだけでまったく違う印象になる。

Before **結果で語る例**

友人と一緒にラクロスのサークルをつくりました。最初は2人からスタートしましたが、後輩や同期に積極的に声をかけ、今では60人のサークルにまで成長しました。年に2回、春と夏に合宿をおこないました。他校との交流試合も年間2回おこない、大学祭ではお好み焼き屋を出店して1日16万円、3日で55万円を売り上げました。0からチャレンジして得た成功は、何物にも代えがたいものです。

After **過程と結果のバランスがとれた例**

0から思い1つで作る「行動力」が私の売りです。大学生活を充実させたいという思いから、友人とラクロスのサークルをつくりました。最初は2人からスタートしましたが、後輩や同期に積極的に声をかけ、今では60人のサークルにまで成長しました。年に2回、春と夏に合宿をおこないました。他校との交流試合も年間2回おこない、大学祭ではお好み焼き屋を出店するなど、今では大学で有数のサークルになっています。何もないところから、思いだけでチャレンジし続け、そして得た仲間たちや彼らとの経験は、何物にも代えがたいものです。今後もこの行動力を活かして新しい価値を創造していきたいと思います。

大切にしたい「価値観」がしっかりと伝わってくる。
入社後も絆を大切にしながら活躍する姿が想像できる

「正直、たいした経験をしていない」という人でも大丈夫！「10の裏技」を使おう

ここまで読んできて、もしかしたらきみは自信をなくしているかもしれない。

「正直、そんなすごい経験はない」

「そもそも、アピール度の高いエピソードを持っていない」

「コロナ禍でずっと家にいた」

などと思っている人もいるだろう。

そういう人は、「違う路線」で自分をアピールするのもありだ。

僕から、10の提案をしてみたい。

この「自己PR裏技」を使うことによって、きみの魅力を最大限伝える工夫ができるかもしれない。ただし、奇をてらって得意げに伝えるのではなく、どの裏技も誠実な雰囲気で伝えることが肝心だ。10の裏技について詳しく説明していこう。

自己PR10の裏技

1. 最近やり始めたこと作戦

2. 自分の経験と生きざま作戦

3. 失敗の反省と気づき作戦

4. 自分の転機作戦

5. 独自路線作戦

6. 価値観全面作戦

7. 売り全面作戦

8. イメージの逆張りアピール作戦

9. 親友アピール作戦

10. すっかりその気の問題提起作戦

自己PRに使える10の裏技

自己PR裏技①　最近やり始めたこと作戦

大学時代にがんばったこと。切り口次第でアピールできる経験はあるにはあるが、それをイマイチだと感じるようなら、今から何かをやり始めればいい。ネタをつくり始めればいい。

自分がやりたいと思っていることを、本気で。

就職留年して学生生活を充実させるのも悪くないが、留年しなくても、最近始めたことを堂々と語ればいいのだ。

今やっていることに自信が持てれば持てるほど、すなわち、本気であればあるほど以前の（自信のなかった）自分も正直に語ることができる。

例えば、高校時代に部活に燃えた反動で、大学時代は特に何も燃えることがなく、最初の2年はゴロゴロ寝て過ごしていた。今が超充実しているなら、それも正直に語れるようになる。

「そういう時期がある人＝ダメ人間」などとは誰も思っていない。

むしろ正直に語ったことを評価され、誠実な人柄が伝わって信頼度がアップするかもしれない。「そういう時期があったからこそ、今、燃えられるんだよね」と、面接官に共感してもらえる可能性も高い。

裏技①の例　最近始めた筋トレ

私は本気の筋トレで圧倒的成長を成し遂げました。就職活動を始めた当初、自分が自信をもって語れることがないと気づきました。そこで、すぐに始められる筋トレを思いつき、24時間利用できるジムに入会してトレーニングを始めました。ほぼ毎日、1時間のトレーニングを継続し、生まれて初めて腹筋が割れるという成果が出ています。これからも継続的に努力することを通して成果を出せるように成長していきたいです。

自分の至らなさを認めたうえで
努力していることを述べていて、
非常に価値がある。やっていないことや
できていないことを隠すのにもリスクがある

裏技①の例　趣味で続けてきたこと

自分の情熱を発信しています。エンターテインメント業界で仕事をしたいと思い、自分の好きな音楽について定期的にWeb上で情報発信をしています。具体的には、毎週のヒットチャートに対して独自の考察をしています。最初は的外れな話をすることも多かったのですが、次第に反応やコメントをもらえるようになりました。これからも続けていきます。

好きなことをやり続けるのも大事な力だ。
己が貫いてきたことについて自信をもって語ろう

自己PR裏技② 自分の経験と生きざま作戦

自己PRというと、「学生時代に力を入れたこと」を語らなければならないと思い込んでいる学生が多い。しかし、実際にはその限りではない。

例えば家族構成、幼少期からどのような育ち方をしてきたのか、経験と生きざまを語るなど、自分のヒストリーを語ることでより一層きみという人物を分かりやすく伝えることができる。

具体的には、幼少期にあったエピソード、親との関係、兄弟の関係、それによってどんな価値観を持ったのか、その価値観のもとどのような生き方をしてきたかなどだ。

多少恥ずかしい話や不幸な出来事など、言いにくいこともあるかもしれない。しかし、今の自分に自信があれば、語っても問題ないはずだ。

今の自分に自信を持っていることが、あくまで前提条件だ。

したがって、どんな話であっても、暗くなったり、お悩み相談調になったりしてはいけない。今の自分に自信があるからこそむしろ淡々と、あるいはハツラツと語ってほしい。

例えば幼少期までさかのぼらなくても、高校時代はこうで、だからこそ大学時代はこうだった、と過去を振り返る形で語るのも有効だ。

どのように語るかは、裏技③の「失敗の反省と気づき作戦」も参考にするといい。

裏技②の例

一つのことに
取り組み続けて得た強み

サッカーを通して養った俯瞰《ふかん》する力が私の強みです。私は小学校からずっとサッカーをしています。ポジションはボランチで、フィールドの真ん中で常にゲームの全体を把握しながらプレーすることを求められます。小学校からずっとこのポジションを続けてきて、サッカー以外でも常に俯瞰して物事を考えるようになりました。この習慣はクラスやアルバイトなどさまざまなところで役立っています。社会人になってもこの力を活かして、組織に貢献していきたいです。

**長く続けているからこそ
得られるものがある。
それをほかの場面で使った経験を語るのだ**

裏技②の例

高校時代のエピソード

「大切な人を守れるように強くなる」。これが私のモチベーションの源泉です。高校生の時に急に母が倒れ、入院しました。最悪の事態を想定しなくてはいけない状況で、何もできない無力さに打ちひしがれました。そこから大切な人を守るための強さを身につけると決心し、受験勉強に打ち込み、無事に第一志望に合格できました。そして、社会人としても活躍できるように、大学では得意な数学を活かしながら統計学を中心に学びを深めています。

**ある出来事をきっかけに、
自分の行動が変わったこと、
それが継続できていることを語れている**

自己PR裏技③　失敗の反省と気づき作戦

自己PRは成功談でなければならないと思い込んでいる人が多いが、その必要はない。失敗によって気づいたことや感じたこともあるだろう。その思いをきっかけに、その後どのような飛躍につながったのか。失敗からプラスの経験に導くのだ。

失敗経験は中学時代でも高校時代でもいい。時間の隔たりがあるほど、追いかけている期間が長くなり、説得力もアップする。

例えば、部活の部長としてがんばっていたつもりが、何かをきっかけに不信任になってしまったとする。それに向き合い、どう乗り越えようとしたのか。

その後もう一度、地道な努力で縁の下の力持ち的に、仲間を支えることで影響を与えようと努力してきたこと。地道な経験を通して、うまくいかなかったところを改善し、みんなの中で影響力を与える存在になっていったこと。

さらには、今現在サークルでリーダーシップをとろうとがんばっている途中であること。

このようなことなどを簡潔に語れば、面接官のほとんど全員がきみに感情移入するはずだ。

今後の成長にも期待するだろう。誰しも似たような経験があるはずだから。

裏技③の例　結果にこだわりすぎて失敗

私にはロジックとパッションでチーム力向上に貢献する力があります。中学校の時に部長を任され、結果にこだわりすぎるあまり周囲との不和が生まれ、孤立してしまいました。この反省を活かし、高校、大学時代は野球部でメンバーが何に悩んだり、つまずいたりしているのかをヒアリングし、論理的にアドバイスするとともに、勝利への強い思いでチームに貢献してきました。これからも社会人として、自分の強みを活かし組織に貢献していきたいです。

失敗を失敗のままにせず、
次の機会に活かして成長したことは素晴らしい。
つまずいた先にあるものを語れるようになろう

裏技③の例　就職活動で失敗

私は2回目の就職活動をしています。理由はシンプルで、最初の就職活動はただ周りに合わせて、なんとなく就職活動をしていたからです。そこに主体性はなく昨年の6月に内定が1つも出なかったことで、「なぜ就職活動をしているのか？」という問いを立てました。それから目指すべきことを明確にして2回目の就職活動をしています。今は情報格差を埋める橋渡し役になりたいと強く思っています。

就職留年の学生も数多く見てきた。
最初は失敗を受け入れられず苦労するものだ。しかし、
ひとたび受け入れられれば成長速度は一気に上がる。
これもその事例の１つだ

自己PR裏技④　自分の転機作戦

失敗経験に似ているが、「逃げた経験」を語るのも有効だ。

どうして逃げたのかはもちろんだが、どうして逃げるのをやめたのか、何が転機になったのか。絆の存在や、自分に負けたくない気持ち、未来への決意にもつながる「自分のコア」。これらの転機を題材にしてうまく表現できれば、単なる成功談よりもはるかに効果的にアピールできる。

転機を迎えた後のうまくいった話も、ことさら派手でなくていい。分かりやすい結果を伴うものでなくてもいい。むしろ地味な話のほうがグッとくる可能性も高い。

話の最後には、きみの「未来への決意」が面接官にしっかりと伝わるように工夫しよう。

自己PR裏技⑤　独自路線作戦

いい高校に行って、いい大学に行って、とステレオタイプ的な学生があふれる中、独自の価値観を大事にして生きてきた経験を語るのも効果的だ。

まず、どんな価値観を持ってきたのかをそこで印象づけたい。どうしてそう思ったのか、背景も説明する必要がある。その上で、どんな考えを持って、どんなことに夢中になって中学・高校時代を過ごし何を身につけたのか。「真面目で、優秀ではあるがいまひとつ個性に欠ける」学生では決してないことを、自分自身の経験を通して、自分自身の言葉で語ろう。

実のところ、面接官はそのような学生を求めている。

裏技④の例　サークルをやめた経験

「二度と裏切らない自分になる」と心がけています。大学のイベントサークルを仲間とともに運営しており、あるイベントで私が提案して、実行したことが大失敗に終わり、そのサークルをやめました。正直立ち直れない日々が続きましたが、ひどく落ち込む私を励ましてくれる仲間もいました。その時に「自分を信頼してくれる仲間を絶対に裏切らない」と決め、自分の中で強い信念が生まれるきっかけとなりました。

自分の失敗経験を語るのは
とても勇気がいる。しかし、それを語れるところに
人として成長した強さを感じる

裏技⑤の例　ずっと大事にしてきた「笑顔」

私が大事にしていることは「笑顔」です。小さい頃、自分の行動で家族や周りの人が笑顔になるのがとにかくうれしかったからです。学校ではクラスの人が喜んでくれることを模索し続けました。大学に入ってからもサークルのイベント時に「みんなが笑顔になってくれるためには？」と常に意識しながら、組織の小さな不満へ敏感に反応しながら組織運営に携わってきました。これからも「笑顔」を大切に周りの人や組織に貢献してきたいです。

自分の生い立ちから、
自分の価値観を語っている。
時間軸を意識することで納得感が生まれる

自己PR裏技⑥　価値観全面作戦

これまで述べてきた作戦の複合型だ。

自分のヒストリーと、自分の価値観、コアを語る。その上で、やってきたアクティビティを端的に列挙する。詳細については、面接官に尋ねてもらってから語る。

さまざまな経験をしてきたからこそ感じられたことを、コンパクトにまとめるという手法だ。

基本的に自己PRというと、たった1つの経験をピックアップして語るのが定番だが、そもそも妙な話だ。さまざまな経験を通じてこそ培われたものがあるはず。それをうまく語るのだ。

自己PR裏技⑦　売り全面作戦

即戦力をよりアピールするために、売りとなる能力1つか2つを、全面的にアピールする作戦である。

転職の面接では、基本的にこの作戦が一般的だ。

転職者は客観的な視点を持っているので、冷静な大人の印象を面接官に与えることができる。

売りとしてアピールすべき能力は、明るいとか快活ということではなく、見た目で判断できることでもなく、「考え方」に関するものが有効だ。

すべての経験から、自分の売りをうまく説明できるようにしておく必要がある。

裏技⑥の例　価値観を軸に語る

私は承認欲求の塊です。その背景には妹の存在があります。妹が生まれるまで、私は家族の中心でした。しかし、妹が生まれてからというもの、家族の注目は私から妹に移ってしまいました。ただ、学校のテストで高い点数をとったり、部活で活躍したりすると家族の注目が戻ると分かり、勉強やスポーツで結果を出すことに尽力し続けました。きっかけは妹の存在かもしれませんが、結果にこだわる姿勢はこれからも大事にしたいです。

承認欲求が強い学生は多い。
それ自体は悪いことではないが「結果を出す」
というアピールにうまくつなげられている人は少ない

裏技⑦の例　バイトで活かしてきた売り

私の強みは相手と同じ目線でものを見られることと、その力を活かした提案力です。目の前の人が何を考え、何を求めているのかを意識しています。この力をカフェのバイトで役立てました。初めていらっしゃったお客様やメニューで悩まれているお客様には、おすすめのメニューを紹介し、薬を取り出された方にはお水が必要かお声がけをしました。今後仕事をするときにもこの力を活かし、社内外の人の役に立てるようにしたいです。

具体的な強みをエピソードと共に話せている。
説得力が増すいい事例である

自己PR裏技⑧　イメージの逆張りアピール作戦

自分という人間が周囲の人たちから持たれているイメージは、実は画一的である。きみのことをよく知らない友人に尋ねて回るといい。だいたい同じことを言うだろう。

彼らが語るきみのイメージ。その「逆張り」の話で、あえて自己PRを展開するというのも、非常に有効な手だ。

面接官は、「印象」から、その学生の長所と短所を把握する。

そこで、おそらく面接官が想像するであろう「短所」を逆手にとって、積極的にアピールしていくのである。

例えば、快活な印象の人、目立ちたがり屋で派手好きな印象の人なら、縁の下の力持ち的なものが大好き、という部分をあえて語る。コツコツ努力することが好きなことをあえて語る。「実はこういう部分もあるんですよ」というニュアンスで。

逆におとなしくて地味な印象の人が、リーダーとしての経験をいきいきと語れば、信頼性の高いリーダー像をアピールできる。

裏技⑧の例　見た目がおとなしそうな学生の場合

一度決めたら貫く力が私にはあります。中学校で始めた卓球がその背景にあります。練習をすれば実力がつき、勝てなかった相手に勝てることと、負けたときの悔しさが継続的に練習する要因となりました。大学でのゼミ活動においても、みんなの学びになることについては周りとの摩擦を恐れず主張し、己を貫いてきました。社会に出てからも、何が大事かを常に議論しながらも己を貫いていきたいです。

**見た目で判断される印象を踏まえた上で、
ギャップを狙ったアピールポイントを語ろう**

裏技⑧の例　見た目がスポーツマンな学生の場合

私はピアノが弾けるキン肉マンです。中学と高校ではサッカーを、大学ではアメフトをやってきました。仲間と一緒に勝利に向けて挑戦する喜びと、己の成長に私はどん欲です。アメフト部では入学時から15キロ以上体重を増やしました。また、幼少期に母の影響で始めたピアノを現在も続けています。理想の演奏に向けて練習する時間も自分にとって非常に大切な時間です。

**見た目の体育会系な印象だけでなく、
文化系の側面からも愚直に努力する人だと
アピールできている**

親友の素晴らしさを自己PRとして伝えるというのも、実は有効な手だ。

「自分は親友たちに支えられてきました。お互いに刺激を与え合い、支え合ってきました」から入り、いかに素晴らしい親友なのか、その親友とどんな関係を築けているのかを語る。

自分のことを誇張してアピールするのはしんどいが、親友のアピールだったら遠慮することはない。いかに素晴らしい人であるかを、思う存分語るがいい。

面接官は思うだろう。「だったら、その親友を採用したい」と。

だからこそ、自分から語るべきだ。

「仕事は自分1人の力でやるものではないと思っている。このような素晴らしい仲間との絆を数多く築けた自分は、仕事においても多くの素晴らしい仲間との絆を築き、力を結集し、大活躍できると信じている」と、暗に伝えるのだ。

もちろん、きみがどんな刺激を与え、どのように支えてきたのか、あるいは、きみ自身の活動を尋ねられることは避けられないだろう。その場合も、個人の活動であっても「1人でできたなどとは思っていない」と言ってしまうのだ。切り口としてはユニークだし、評価も高いはずだ。

裏技⑨の例 サークルで出会った仲間

最高の仲間と最高の舞台をつくるために、私は大学時代にダンスサークルの仲間と年1回おこなわれる定期講演会に向けて努力し続けました。ダンスへの熱量があり、互いを思いやれる最高の仲間に支えられ、切磋琢磨しながら準備をしました。当日は300人以上の方が見に来てくれ、感動の場をつくることができました。これは私一人の力では決して成しえなかった経験です。

いい仲間に囲まれてきたことと、
その中で自分が貢献できる人間だということが
アピールできている

裏技⑨の例 仲間の期待に応えられなかった経験

大学祭実行委員として、企業からの協賛金を集める活動をしていましたが、順調ではなく暗い空気が流れていました。そんな中、リーダーは打開策の議論を引っ張り、営業を続けられるよう尽力してくれました。しかし、結果的に目標達成とはいきませんでした。打ち上げの時にリーダーから労いの言葉をかけられ、悔し涙が止まりませんでした。これからは仲間や組織の期待に応えられる存在になり、いずれは自らリーダーとして周りを引っ張りたいです。

失敗に終わったとしても、いい仲間と
一緒にがんばったこと、これからもがんばりたいと
思っていることはアピールになる

自己PR裏技⑩ すっかりその気の問題提起作戦

「問題意識の塊」としての自分をアピールする方法。

受ける会社について、今の学生について、大学について、社会の問題について。

しかし、ただ周囲を批判するのではなく、問題意識の刃は自分にも向けられていなければならない。

面接官は非常に気になる。「ではきみは、自分自身に対し、どんな問題意識を持っているのか」と。

当然、自分自身に対する問題意識を明確にしておくべきである。

裏技⑩の例　組織の問題に取り組んできた経験

組織の中で困っている人を放っておけないことが私の特徴です。中学時代に転校した先の学校で孤立を感じたのがきっかけとなっています。大学のサークルやアルバイト先で、一人でいる時間が多い人には積極的に声をかける習慣が私にはあります。社会人になってからも、孤独を感じる人を減らし、組織がまとまるようにサポートをしたいです。

組織が抱える問題点に対して
行動を起こしてきたことが分かる。
具体的な経験が入っていて、人柄が理解しやすい

裏技⑩の例　都心と地方の情報格差問題

地域間の情報格差を何とかしたいです。私は地方出身で大学から東京に住んでいます。入学時は自分が育ってきた環境と異なることが多く、周りの人の考え方やあたりまえが違うことにも戸惑いました。アルバイトやインターンなどを通して、実家の周辺とは比べ物にならないほど触れられる情報や、機会に差があることを認識しました。私は社会人としてこの課題に向き合いたいです。

過去の経験を、自分が向き合いたい
課題につなげている。
こうすると志望動機の説得力も高まる

Column

面接で話す「自己PR」についてのQ&A

Q 最初に話していいのはどれくらいの長さか

A 面接の最初に聞かれる「自己PR」や「学生時代に力を入れたことは何ですか」に、どれくらいの長さで答えればいいか分からないという質問をよく受ける。

1分以内を目安にしよう。文字数にして300文字程度である。

いろいろなことを面接官にアピールしたいと、1分間は短く感じるかもしれない。

しかし、面接官にとっては意外と長く感じる時間だ。一方通行のコミュニケーションにしてはいけない。その後に続く、会話のキャッチボールを大切にしよう。**何事もコンパクトかつインパクトだ。**

Q 自己紹介、自己PR、学生時代に力を入れたことの違いは何か

A **厳密な違いはない。**

しかし、この中の2つ以上を面接で聞かれるケースがあるので、その場合は使い分け

たい。

参考までに、使い分けの例を紹介しよう。

□自己紹介

大学名、名前、大学時代のダイジェストを話す。勉強やアルバイト、サークルで特に力を入れたことなど。面接官に興味を持ってほしい、いくつかのエピソードを一言ずつ披露する。

□自己PR

大学以前からの自分のエピソードを含めて、自分をPRする。「〇〇な価値観を大切に生きてきた。なぜなら……」と、ご家族の考え方、高校までの部活で学んだこと、友人関係など、きみがその価値観を形成するに至った背景を説明する。「〇〇なことが得意です、なぜなら……」と能力をアピールするときも同じ。その能力が育まれた背景を語る。

□学生時代に力を入れたこと

大学時代のエピソードを話す。事実だけでなく、なぜそれをやろうと思ったのか、どんなところに特に注力したのかが伝わるように語ることが大切だ。アピールしたい能力を伝えることも忘れずに。

Q 集団面接でほかの人が長く話していると自分も話したくなるが、それはどうなのか

A 短く話すべきだ。

集団面接では、最初に回答をする人がペースをつくる。その人が長く話すと次の人も同じくらいの長さで話す傾向にある。「ほかの人が長く話していたから、自分も同じくらい長く話してアピールしたいと思った」

「ほかの人が長く話していたので自分が短く話すと『やる気がない』と評価されてしまうのではないか」と相談を受ける。

「まったく気にすることはない」と言いたい。

面接官の立場からすると「**短く、簡潔に、要点を伝えてくれる学生**」を優秀と感じる。

採用担当者に聞くと「言葉が悪いですが、時間内に大量の学生をさばかなければいけない。そのため、自分をアピールするためにダラダラ話す学生がいると正直いい気分がしないです」とのこと。

周囲が自分のことでいっぱいいっぱいになっているときこそ、きみは面接官の立場に立って、短く、簡潔に、要点をまとめ、いい印象を残そう。

Q 集団面接でほかの人がすごい実績を持っていた。自分は落ちてしまうのか

A 関係ない。**まったく気にせずに自分の話をすればいい。**

「集団面接のほかの学生が高学歴で、それだけで気負ってしまいました」

「自分の前に話していた学生が、起業経験の話をしていて、明らかにすごかった。その直後に自分が話すと、みじめな気持ちになってしまいました。絶対に落ちたと思います」

このような話を本当によく聞く。

面接官は人事から「2人に1人は通してください」などと言われている。その意味では競争相手のレベルが高いと「落ちた」と凹む気持ちは分かる。しかし、ほとんどの場合、「その日に面接した学生」全体の中でふるい

にかける。

つまり、たまたまレベルの高い学生と当たってしまったからといって、ほかの回に面接に来ている学生にも負けたという話ではないことを知っておこう。

Q 弱みを話すのが怖い。どうしたらいいか

A **自分をよく見せようとしない。大きく見せようとしない。悟られたくない短所や知られたくない事実などを隠さない。**

面接の場で虚勢を張らない。自画自賛しない。客観的に自分を見つめ、今後の成長への決意を伝えるのだ。

虚勢は見抜かれる。誠実さを感じない。そもそも自画自賛は幼い。品がないのだ。


等身大の自分。決意があるからこその余裕と謙虚さがちょうどいい。

隠すことにメリットがないことに気づこう。隠す必要がないと思える境地に立っていることが大切。大きく見せようとすればするほど、小さい、幼い、自信がない、人間として未熟に見えてしまう。隠そうとすればするほど、バレバレになる。

自分の本当のウィークポイントを2つ、心底把握しておく。自分のウィークポイントを堂々と認められる自信にあふれた人として向かう。せこくならない程度に、謙虚に決意を語る。

自分のウィークポイントをどう思っていて、どのように改善しようと思っているのか、また実際そのためにどんなことを心がけているのかなど、卑屈にならない程度に語る

のだ。

Q しっかり会話はできているのに、なぜ面接で落ちるのか

A 会話ができても面接に落ちる人たちの共通点。それは、伝えたいことがないか、伝えられていないかだ。面接でのゴール設定に問題があることが多い。**本質的なゴールは、質問されたことに答えるのではなく、採用されることだ。**仮説でいいが、自分の採用価値（活躍する可能性）を理解しておく必要がある。それを会話の中でどう伝えるのか考えながら面接を受けるのだ。

Q 自分が何を話しているのか分からなくなる。どうしたらいいか

A **結論から述べること（結論ファースト）ができていない**場合が多い。

その理由は大きく2つある。1つ目は質問の意図を理解していないから。2つ目は大事な論点を明確にできていないからだ。例えば、学生時代に力を入れたこと。**なぜ面接官がこれを聞くのかを考えたことはあるだろうか。**目の前の学生が何をどうがんばったのか、どう成果を出したのかを知り、採用するかどうかを決めている。相手の質問の意図をくんでいれば、何をがんばったかという事実を語るだけでは足りないと分かるはずだ。

Chapter 4

志望動機対策

最終面接では、
いちばんに志望動機を聞かれる。
その業界や企業で働く覚悟があるのか、
心から挑戦したいと思っているのかを確認するためだ。
この章では最終面接で面接官（社長や役員）に志望動機を
掘り下げられても回答できるよう、考えるべきこと、
調べておくべきことをまとめた。
面接が始まる前に、そして最終面接前に再度読んでほしい。

志望動機作成の4ステップ

近年、面接で最も重視されているのが、志望動機だ。

最終面接では志望動機をしっかり聞いてくる企業がほとんど。それまでの面接とは異なり、最終的に「本当に当社へ来る気持ちがあるのか」を面接で問われるからだ。

志望動機は、次の4つから作成するといい。

1. 社会に与えたい影響

社会のどの部分に対し（誰のために、何のために）、働きたいと思っているのか。

2. 価値観・コア

そのように思うのはなぜか。今までの人生経験から、なぜその思いが生まれたのか。

3. 自己PR・強み

それを「自分にはできる」と思う理由は何か。どんな「強み」や「経験」をもって、志望企業に貢献できると思っているのだろうか。

4. その企業でやりたいこと

具体的に挑戦したいことは何か。どんな企業で、どんな部署で、どんな職種で、どんな仕事で、その思いをかなえようと思っているのだろうか。

志望動機の作成方法

1. 社会に与えたい影響

挑戦したいことは何か？

▼

2. 価値観・コア

それをやりたい理由と思い

▼

3. 自己PR・強み

それができると思っている理由

▼

4. その企業でやりたいこと

やりたい仕事、部署

志望動機で聞かれる「企業選びの軸」

「企業選びの軸は何か」

志望動機を考える時、まずこれを明確にする。

面接官も、まずこれを確認する。

「しっかりと意志を持って就職活動をしている人」なのか。それとも、その場しのぎの就活生なのか。「即席の志望動機」をつくり、とりあえず企業を受けている人なのか。

「企業選びの軸」は、どうすれば見えてくるか。

まずは、「社会に与えたい影響（Giving）」を明確にすることだ。

言い換えるなら、きみが、「誰のために」「何のために」この人生を使おうとしているのか。

それを明確にするのだ。

例えば「**人の心を動かす仕事がしたい**」と考えている人の志望企業はどうなるか。

広告、**テレビ**、**ネット業界**などが候補に挙がるだろう。

「広告の力で、人に感動を提供したい」

「テレビ番組で、人を元気にしたい」

「新しいネットサービスを通して、人の日常を明るくしたい」

手段は違うが、すべて「人の心を動かす」仕事だ。


もう一つ例を挙げよう。

「世界の格差をなくしたい」という思いを持っている人。

ゼネコン、インフラ、メーカーなどが志望企業になるだろう。

「途上国に、道や建物をつくり、経済成長の一助としたい」

「水や電気を安定させ、その国の安定成長に寄与したい」

「現地に工場をつくり、雇用を生み出したい」

先ほどと同様に、手段は違うが、どの業界に行っても思いはかなうだろう。


この軸は、志望動機の話の出だしに使える。

「『人の心を動かしたい』というのが私の夢です」という具合に。

「企業選びの軸」が生まれた背景を、どのように伝えるか

社会に与えたい影響はいつ頃から育まれたものなのか。それが分かると軸に説得力が加わる。

僕の経験上、3つの環境から出てくることが多い。

1. 家庭環境

経済的に恵まれた家庭に生まれたのか。それとも貧しい環境だったのか。
厳しい家だったのか。甘やかされたのか。

2. 地域環境

都会で育ったのか、田舎で育ったのか。海外にいたことはあったのか。
どんな人たちと時間を過ごしたのか。豊かな地域か、そうでない地域か。

3. 教育環境

学校の校風はどうだったか。共学か、男子校か、女子校か。
ノビノビと育てられたか、厳しかったか。

環境をもとに志望業界を見出した我究館生の具体例を挙げよう。

温泉地で生まれ育ったKさんの地域環境

Kさんの生まれ育った街は温泉地だった。幼少期はとても栄えていた。しかし、月日が経つにつれ競合となる観光地が増え、Kさんの街では閑古鳥《かんこどり》が鳴いてしまった。友人の家の旅館がつぶれるなど街全体が活気を失ってしまった。「空間が力をなくすと、そこにいる人まで元気を失ってしまう」と幼心にいつも感じていた。このことからKさんは**「空間を通して人を元気にする」という軸**をもとに就職活動をおこなった。そのため、志望業界は、デベロッパーや空間デザイン、アミューズメントパークなどになった。

多国籍の学生寮で過ごしたYくんの教育環境

大学時代を、地方の大学で過ごしたYくん。留学生が多く通う大学だった。大学には寮があり、ほとんどの留学生はそこで過ごしていた。入学以来、その寮で30を超える国から来た200人以上の学生と毎日のように語り合った。価値観の違いから衝突することもあったが、彼らと心を通わせながらさまざまなことに挑戦した。そんな大学生活は、何よりも楽しい時間だった。Yくんはこの経験から**「世界中の人と心を通わせ、価値を創造したい」という軸**を持った。志望業界は、商社、エネルギー、メーカーなどになった。

「企業選びの軸」をもとに、一貫性のある企業を志望する

軸をもとにして、志望企業を決めることができているだろうか。どこか特定の企業でなければ実現しない夢など存在しない。夢が実現できる業界や企業は必ず複数ある。それを見つけるのだ。そして、それらの企業をなぜ志望しているのか。どんなことをしている企業だから、志望しているのか。「軸」と「それが生まれた背景」と「志望企業」を一本の線でつないでいくのだ。

具体的な部署や仕事、職種を語ってもいいが、もっと抽象的なことでも構わない。「〇〇な製品を提供しているから」「〇〇地域に貢献しているから」「〇〇な価値を生み出しているから」など。当然、軸に使われた言葉と近いものになるだろう。

これを読んでいるきみの軸は明確だろうか。それが曖昧なままでは、企業は選べない。当然、志望動機を自信を持って語ることなどできない。不安が残る人は、勇気を出して我究に戻ろう。

（『絶対内定２０２６　自己分析とキャリアデザインの描き方』のワークシートに挑戦してみよう）

「企業選びの軸」を明確にして、業界を絞る

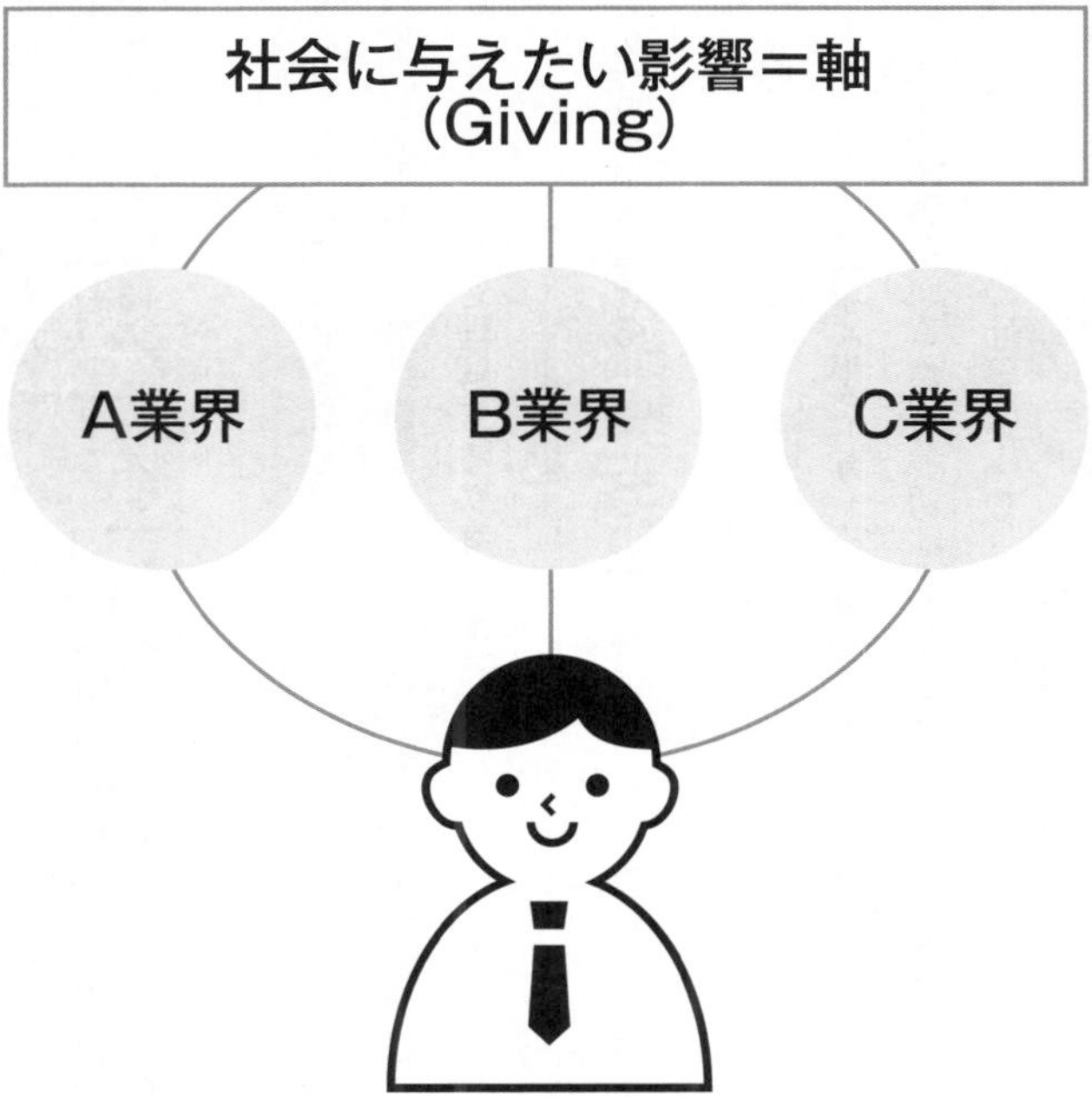

夢が実現できる業界や企業はいくつかある。
それを見つけよう

ビジネスモデル図で、求められる「能力」と「人間性」を理解する

志望動機の具体性を高めるために必要なこと。

それは、最初に「その企業でどんな仕事がしたいのか」をイメージすることだ。

そのためには、ビジネスモデルを理解する必要がある。

左図は、個人向けの商品を製造する、ＢtoＣの完成品メーカーのビジネスモデル図だ。たった2つのステップだ。

1. 中心に志望企業を置く

2. 周囲に関係企業を書いていく（「部品メーカー」「顧客（法人）」「販売店」など）

実際にはもっと多くの関係者がいるが、最初はこれくらいのほうが分かりやすいだろう。

この図の中で、きみはどの部分の仕事に携わりたいのか。

今回の場合であれば「調達」「営業」「企画・開発」のどれか。

仕事内容や、**仕事相手**、**扱う商品やサービス**が、この図からイメージできる。

完成品メーカーのビジネスモデル図

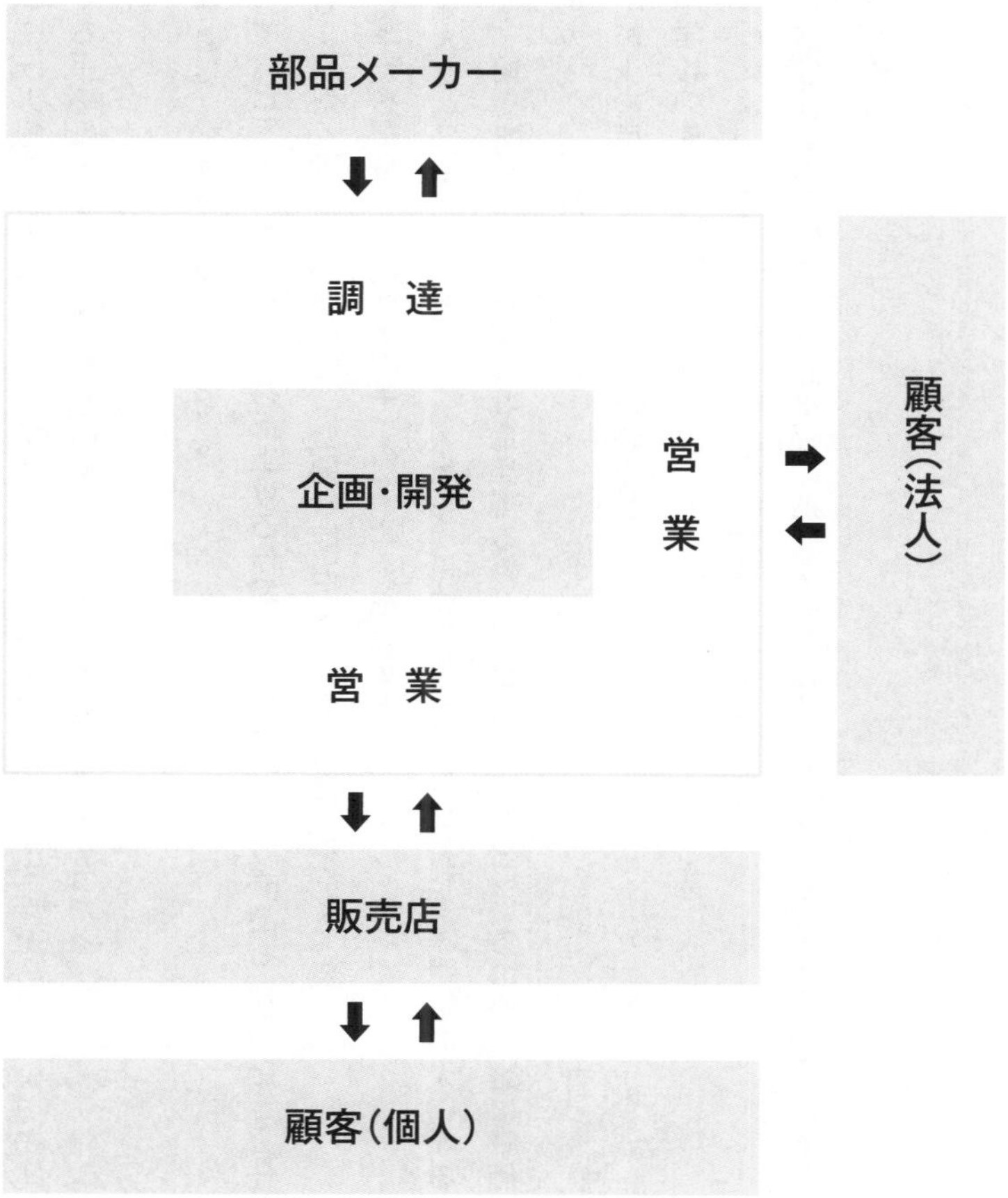

まずは、ビジネスモデル図を作成し、「誰と」「どんなことをして」その会社のビジネスは成立しているのかを把握する。そうすることで、自分の何をアピールするべきかが分かる。

□ビジネスモデルを見れば、必要な人材が見えてくる

業界や会社によって、ビジネスモデル（収益を上げる仕組み）が違う。扱う商品も、取引相手（仕事のパートナー）もまったく違う。必然的に、必要な能力も感性も微妙に違ってくる。

□その会社の「仕事相手」を把握する。「仕事相手」のタイプを把握する

その会社はどんな人を「仕事相手」としているのか。「仕事相手」に好かれる雰囲気の人になるには何をするべきか。何をすることで誰からお金を得るのか。誰と仕事をしているのか。誰に評価される必要があるのか。

政府の要人とスーパーの店長とではタイプが違う。

企業経営者と小中学校の先生でもタイプが違う。

同じ経営者でも業種によって違うし、大企業と中小企業でもまるで違う。

きみが志望する企業の仕事相手のタイプを正確に把握することで、きみがアピールすべき「能力」や「人間性」が明確になるのだ。

学生に求められる雰囲気はその会社の「仕事相手」によって決まる！

きみが行きたい会社	取引先、顧客、パートナー
投資銀行	● 大手企業の財務部や経営陣 ● 官僚 ● 弁護士などのスペシャリストなど
総合商社	● 外国政府・日本政府 ● メーカーの経営企画部、営業部 ● 経営陣など
戦略系コンサル	● 経営陣、経営者など
広告	● メーカーの宣伝部 ● 自治体など
旅行会社	● 企業や学校などの総務部 ● 個人など
食品メーカー	● スーパーの店長、卸売業者など

↑ この人たちに好かれる雰囲気の人を、会社は採用する

きみの「価値観」や「雰囲気」は志望企業に合っているか？

相手の価値観・雰囲気と自分の価値観・雰囲気に自分を合わせるのだ。

具体的には、次のとおり。

キーワード①「社風」

志望企業はどのような社風の会社か、きみはその社風に合った人物なのか。

キーワード②「ビジョンとコア」

志望企業の社員はどんなビジョンやコアを持っている人たちで、きみはどんなビジョンやコアを持っている人物なのか。

キーワード③「センス」

志望企業の社員はどんな趣味を持ちどの程度のセンスのある人たちで、きみはどんな趣味を持ちどの程度のセンスのある人物なのか。

キーワード④「保守性（コンサバティブ）」

志望企業はどの程度保守的な人たちの会社で、きみはどの程度保守的な人物なのか。

受ける会社の価値観・雰囲気と自分の価値観・雰囲気が合っていないと内定しない。だから上手に合わせるのだ。価値観や雰囲気は、顔つき、話し方、ファッションにも、これまでの生き方にも、ビジョンにも表れる。

次のようなことからも、志望企業の「価値観」や「雰囲気」が見えてくる。社会人訪問などを通して、さりげなく確認しておこう。

□小・中・高・大学などの選び方
□学部・ゼミ・サークルの選び方
□アルバイトや趣味、遊びの選び方
□スーツ・ネクタイ・靴・時計など服装のセンス
□髪型やメイク
□言葉づかいや話し方
□立ち居振る舞い
□顔つき、笑い方、不安なときの表情
□ビジョン、夢
□「自分と合う人」の幅の広さ

その会社の価値観は、きみの価値観と合っているか

その会社の価値観は、きみの価値観と合っているか。

□どの程度革新的か、どの程度保守的か（伝統や格式をどの程度尊重する人か）
□儲け至上主義か、公益とのバランス追求か
□儲け至上主義か、モラルとのバランス主義か
□ハイリスクハイリターン型か、信用第一のローリスクローリターン型か

志望する会社がどういう価値観の会社なのか、しっかり研究することだ。
社会人訪問や会社説明会で感じ取ろう。

今の自分が「志望企業と雰囲気が合っていない」と感じたら

例えば上品さが足りないと感じたら、

□服装や髪型、話し方や立ち居振る舞い、表情を徹底的に変えて、上品な人物を演出する。靴や時計を変えよう。また、目つきや、ムッとしたときの表情はボロが出やすい。徹底的なトレーニングが必要だ

□新しい趣味を追加し、ESにさりげなく記入する

□あるべき価値観で、ESの各項目を書き直す

□あるべき価値観で、面接でしゃべる内容を修正する

などの対策をおこなおう。

「自分をさらけ出す」ことではなく、相手と雰囲気や価値観を「合わせる」

きみのコア（価値観）と会社のコア（価値観）を合わせること。100％合っていなくても、合っている部分を前に出していくことだ。

価値観が合っていなければ内定はありえない。

同じ業界の中でも、企業によって雰囲気は大きく違う。三菱商事と伊藤忠商事は同じ総合商社だが、企業風土は大きく異なる。内定者の雰囲気も異なる。

その企業に合っている学生が内定するのだ。

類は友を呼ぶという言葉があるように、人は自分と似た雰囲気や価値観を持っている人と一緒にいたいもの。きみは志望する企業と合っているだろうか。

合っていなければ、その会社は、本当はきみには合っていない。入社しないほうがいいかもしれない。

Column

面接で話す「志望動機」についてのQ&A

Q 「他社はどこを受けていますか？」にどう答えるべきか

A 基本的には、**正直に受けている企業を答えればいい。**

しかし、要注意な人がいる。

「企業選びの軸」がない人だ。

この質問はそもそも、軸を持って就職活動をしているかの確認となっている。

回答される企業群を聞いて、自社や業界への志望度を確認している。

もしきみが受けている企業群が軸に沿った一貫性を持たないのであれば要注意だ。

まずは「そもそも一貫性がない就職活動をしていていいのか」という大前提を問い直したい。

その上で「○○ということを軸に就職活動をしているので、△△社や××社を受けています」と一貫性のある企業名を言おう。

Q 志望動機は、どこまで具体的に語るべきか

A 可能な限り具体的に。ただし、面接官の反応を見ながら語る。

志望動機は「世界の中で日本のプレゼンスを高めていきたい」「ビジネスを通して世界の格差解消に貢献したい」など、大きなテーマで語り始め、「御社のプラント事業で……」「御社の非資源部門で……」といったように、具体的な話に移行していく。

ここまでは誰もが具体的に語れるといいだろう。

さらに「○○なことに挑戦したい」「××な企画を考えているのでやらせてほしい」ということまで語りたいという人がいる。これは素晴らしいことだし、これくらいの気概を持って就職活動をしているほうが絶対にいい。

しかし、いろいろな大人がいるという現実も知ること。「配属リスクって知っている?」「きみのために組織があるわけではない」といった考えから、やりたいことが具体的な学生を嫌う大人もごく一部いる。

そのため、「相手の反応をしっかりと見ながら」相手が聞きたがっているのはどの程度の具体性なのかを感じながら語るようにしよう。

Chapter 5

最終突破のために必ず乗り越えるべきカベ

最終面接を突破するためにカベとなるものがいくつかある。
ここから僕が説明することに1つでも該当する人は、
アドバイスをもとに、自分なりに対策を考えてみよう。
きみからすると耳の痛い話もあるかもしれないが、
最終面接までがんばったきみが、最後の最後で、
詰めの甘さでつまずかないように、いくつかのアドバイスを伝えよう。

学歴が低いのは不利か

残念ながら不利だ。厳しい現実だが、きみに向き合ってもらうためにも断言しよう。

人気企業の内定者の学歴は、多くが有名大学。東大、京大などの旧帝大や早慶出身者が8割以上を占める企業も珍しくない。もし、きみがそれらに当てはまる大学ではない場合は、対策が必要だ。最終面接では、ライバルとなる学生のほとんどが、有名大学出身ということがある。相対的にきみは、不利な状況から面接をスタートすることになる。

大学名だけではない、学部名によっても評価が異なる。「早稲田大学の政経学部」のように、各大学にある上位学部とそうでない学部では扱いが違う。また、文学部や教育学部といった「ビジネスと関連性がない」ように感じられる学部は不利に働く可能性がある。

面接官はきみのスペックから弱点を想像する。「勉強が嫌いなタイプではないか」「頭のキレが足りないのではないか」「ビジネスに興味がないのではないか」など。

そのイメージを裏切ろう。弱点が思い過ごしであると感じさせよう。筆記試験で高得点を取るために、日々勉強する。面接で話す中身と見た目の両方で、万全の対策をとること。

そして、学校の成績やTOEIC®スコア、趣味欄などで、さりげなくアピールするのだ。

受ける前から、きみの「評価」は決まっている

面接は、面接官にとって「評価を確認する場」であり、学生からすると「誤解を解く場」である。学歴だけの話ではない。書類に書かれている「資格」や「趣味」、「自己ＰＲ」欄のエピソードを読み、面接官はきみをどう評価しているだろうか。

どんな**ネガティブな誤解**を与えているだろうか。それを覆《くつがえ》したり、誤解だと気づかせたりするには、どんな受け答えをすればいいのだろうか。どんな話が有効だろうか。

□自分の「ＥＳから推測できるウィークポイント」を把握する
□それらを払拭させるための「切り返しトーク」を用意しておく

弱点とは「自分の中で弱いところ」のことではない。

「学生トップクラスのピカピカのできる人と比べて、劣るポイント」のことである。

そういう目線で、正面からシビアに、自分を客観視することだ。

また、弱点があったらいけないとは限らない。

最低限、弱点に気づいていることに価値があることも忘れてはならない。

それを克服するために、現時点で努力していることを伝える。現在進行形で成長している自分の可能性を、面接官に感じさせるのだ。

「頭のよさ」は、面接官にどのように感じさせるか

学生時代と違い、ある程度頭がよくないと、企業や社会に対して、影響力は持ちにくい。

そのため、面接ではさまざまな方法で学生の「頭のよさ」を確認してくる。

頭のよさとは、次の６つを指す。

面接中に、これらが備わっていることを伝えなければならない。

1. 論理的思考力
話している中身の「ロジック」は通っているか。思いつきで話してはいないか

2. 目的自体から再考し提案できる、ダイナミックな発想力・コンセプト創造力
話すエピソードから、「前提」を疑う力や、そもそもの「目的」を再考する力があるように感じさせられているか

3. 改善のためのアイデアの提案力
話すエピソードから、提案力を感じさせられているか

4．誤解なく的確に言いたいことを伝えるスキル

弱点や挫折体験など、伝え方を間違えると後ろ向きに聞こえることを、しっかりと前向きな話として伝えているか。前向きな話だと、面接官に思ってもらえているか

5．人の心に響かせるセンス

話すエピソードの「喜怒哀楽」を面接官に想像してもらえるよう、少なくとも共感してもらえるような「説明する力」を持っているか

6．少ない情報から本質をとらえる、察しのよさ

質問の意図をくみ取り、それを押さえた上で語れているか

実際にその企業の内定者と比べて自分の学歴が低い人は、特にこれらの点を意識して面接に臨もう。

社会で求められる頭のよさは、学校名とは関係ないことを感じさせよう。

「(学校名に関係なく)自分は十分に頭のよい人間である」ことを面接で示すのだ。

TOEIC®のスコアがない人はどうすればいいか

もしこの本を読んでいる時点で、ES提出の締め切りに間に合うTOEIC®テストがあれば、真っ先に申し込もう。そして、その日まで全力で勉強に取り組むことをおすすめする。

あるいは、すでに面接の直前で、どうすることもできない場合は、「なぜスコアがないのか」「これからどうするつもりなのか」を説明できるようにしておくこと。グローバル展開を視野に入れている企業では、かなりの確率で面接官に聞かれるはずだ。

近年、学生のTOEIC®スコアが上がってきている。難関企業だと700点では通用しない。少子高齢化、中国・インドをはじめとするアジア市場の巨大化の中、企業は世界を向いている。国内マーケットも重要だが、世界を見ていない企業はほぼ皆無だ。

上位総合商社、大手メーカー、大手広告代理店などの内定者の多くはTOEIC® 860点以上だ。

ちなみに、韓国の巨大企業サムスンの足切りは900点。

日本企業も世界市場で生き残るために、より高いスコアが求められるだろう。

各業界大手の内定者のTOEIC®スコアと入社後の評価

商社	■三菱商事など「英語力不問」を謳っている会社もあるが、確実にスコアを見ていると考えよう ■運動部での活躍経験がある人や証券アナリスト・簿記など難易度の高い資格取得者などを除いて、内定者はほぼ800点以上のスコアを持っている。旧財閥系は内定者の半数が860点以上と思われる ■駐在員の資格は860点以上と設定されている会社もある	◎
コンサルティング	■戦略系コンサルティング会社は、運動部などを除き、内定者のほぼ全員が800点以上のスコア ■一部の会社では採用試験において英語面接が課され、900点台も少なくない ■マッキンゼーでは、入社後3年で留学をすすめられるため、入社前にある程度以上の英語力をつけておく必要がある	◎
外資金融	■運動部出身でリテール部門のごく一部を除き、内定時に英語が苦手な人はいない ■採用試験にて英語面接が課されることも多く、内定段階でもほぼ全員が800点以上のスコアを持っている ■留学経験者も多数いて、900点台の人も多い	◎
広告	■一時期ほど内定者の帰国子女率は高くないが、電通・博報堂のコネ以外の内定者は、運動部などで活躍している人を除き、おおむね700点台後半以上のスコアを持っている	○
メーカー	■運動部などを除き、幹部候補として採用される内定者のほぼ全員が800点以上のスコアを持っている ■海外営業などを視野に入れている人材はほとんどが860点以上 ■入社後もスコアが低い社員は、評価が下がる会社が多い	○
大手国内金融	■内定段階でも、運動部などを除き、幹部候補採用のほぼ全員が700点台後半以上のスコア ■一部メガバンクでは全総合職行員に800点以上を目指すように求めている	○

（我究館 調査分析）

もはや英語力云々の話ではなく、**時代を読めているかどうか**である。その人の感度の高さや**人生に対する真剣さ**が問われているのだ。

大企業の場合、最低でも入社時には「英語ができる人」になっておくことが大切だ。内定時および入社時のスペック・能力・資質で、その人の中長期的な活躍をイメージし、およそのキャリアパスを設定し、そのためにベストの配属をする。

最初に与えてしまった「印象」をひっくり返すことや、「設定されたキャリアパス」を変更させることは、多くの場合容易ではない。

数年後にハイスコアを獲得したとしても、入社時の「印象」や入社時の「配属先」と「設定されたキャリアパス」が覆ることはまずないといっていいだろう。

すなわち、**入社時に英語スコアが低いと、転職しない限り社内での挽回《ばんかい》は難しい**のだ。

だからこそ、ぜひとも内定式までに、どんなに遅くとも入社までには「英語ができる人」になっておくべきなのだ。「◯◯さんは英語ができない人」というレッテルを貼られてしまわないように。

なお、例外的にＴＯＥＩＣ®テストのスコアが求められない人は、次のとおりだ。

□運動部で突出した実績のある「国内営業職」志望の人
□高いレベルの資格（アナリスト、簿記１級など）を持つ「財務などの専門職」志望の人
□理系の突出した研究実績がある人

TOEIC®スコアによる人物評価

900～	●帰国子女でなく留学経験もないにもかかわらず900点以上獲得している場合は、意識が非常に高く、頭脳明晰。業務においてもクオリティの高い仕事をすると思われる ●近い将来、海外赴任や国際業務などグローバルな活躍が大いに期待されるレベル
860～890	●プロ意識が高い人であると評価される ●将来、海外赴任や国際業務などを担っていく可能性が十分に感じられるレベル
800～860	●詰めの甘さはあるかもしれないが、ある程度以上意識は高い ●今後の伸びによっては、将来、海外赴任や国際業務などを遂行していく可能性が感じられるレベル
730～800	●多少英語の勉強はしてきたが、とことん打ち込む意識の高さがあるかどうかはわからない ●海外赴任や国際業務を志す最低限のレベル。しかし、入社までか入社後に再度英語を学習するというPRが欠かせない
680～730	●最低限の英語力は持っているが、アピールにはならない ●このレベルでは海外赴任や国際業務を担っていく人材というイメージは持てない
600～680	●英語力はまだまだ。専門分野などに特に注力して成果を出している場合を除き、一般的にはこのスコアでは、向上心など意識が高いとは言えない ●受験で必須科目となっている英語がこのレベルということは、勉強系のタスクにおいて努力不足という印象を与えてしまう
～600	●専門分野で成果を出している場合以外は、向上心など意識が低い人である可能性がある ●受験で必須科目となっている英語がこのレベルということは、勉強系のタスクが苦手な人材という印象を与えてしまう

（我究館 調査分析）

多浪や留年など、年齢が人より高い人はどうすればいいか

今までの経験上、2浪までの学部卒は面接で聞かれないように思う。

しかし**現役の学部卒プラス3以上の年齢**の人は、面接官が質問してくる可能性が高い。年齢が上がるごとに給与が増える企業では特にその傾向がある。同じ新卒なのに給料を多く払うわけなので、それに値する学生を採用したいのだ。

3浪以上の浪人経験のある人

なぜそこまで浪人しようと思ったのか。ただ怠けていたのか。それとも別の事情があったのか。ないしは、どうしても行きたい大学があったのか。なぜどうしても行きたかったのか。受かったのか。

さまざまな角度から質問されるので、あらかじめ答えを準備しておく必要がある。

1浪以上、かつ文系の院に進んだ人

何を学ぼうとしたのか。それは社会に出てから何に活かせるのか。モラトリアムの延長ではないのか。必ず聞かれると考えたほうがいい。

ちなみに、留年や浪人、大学院進学が珍しくない理系では、そこまで聞かれない。

「就職留年」はどう説明するべきか

次の点を意識して、ごまかさずに説明しよう。

□なぜ就職留年をしたのか、自分なりの説明（敗因分析）
□その反省を活かして、どのような1年を送ったのか（失敗から学んだこと）
□1年前の自分と比べて、能力や人格はどのように変化したのか（成長）
□その結果、なぜきみは今年、その会社を受けているのか

これらをしっかりと言語化できている人は、我究館生の場合、次々と第一志望に内定している。

逆に、就職留年をした自分と向き合わずに「2年目は、1年目よりも動き方など分かっている部分も多いからきっとうまくいく」などと思っている人は、2年目も失敗する。

大切なのは**失敗したときに、しっかりとそこから学びを得られる**かどうかだ。

留年自体はほめられたことではないかもしれないが、面接官は内心「この学生は留年して本当にしっかり成長できたのだな。よかったな」と感心していたりするものだ。

グローバル経験がないと不利か

不利であると、あえて断言しておこう。すでにきみも知っているように超少子高齢化している日本は、これから確実に小さな国になっていく。人口減少による経済の縮小が起こっている。対照的に、成長を続けるアジア諸国をはじめとする新興国。残念ながら、世界における日本のプレゼンスも、ますます縮小するだろう。その中で、企業は成長を求めて海外進出を急いでいる。

だからこそ、企業は**海外でも通用するであろう学生を、強く求めている**。

例えば、海外の大学への交換留学を通して多様性の中でリーダーシップをとった経験がある学生。海外の現地法人でのインターンシップで、新規事業を立ち上げた経験がある学生などだ。

海外に一定期間滞在した経験がなくてもやれることはある。

TOEIC®のスコアで高得点を取ることや、国内の国際交流サークルで活躍し、多国籍の友人を持つこと。さらには彼らと一緒に何かに挑戦する。それだけでも、価値ある経験ができるだろう。

一方で、国内のスタートアップ企業の資金調達額はこの約10年で10倍になっている。超少子高齢化など、世の中にあるさまざまな課題はビジネスチャンスになる。

特にAIの進化により今までできなかったことが加速度的に実現できるようになる。その数多くのチャンスを逃してはいけない。

押さえておくべき3つの指標

指標❶
日本の人口と人口ピラミッドの変化(予想)

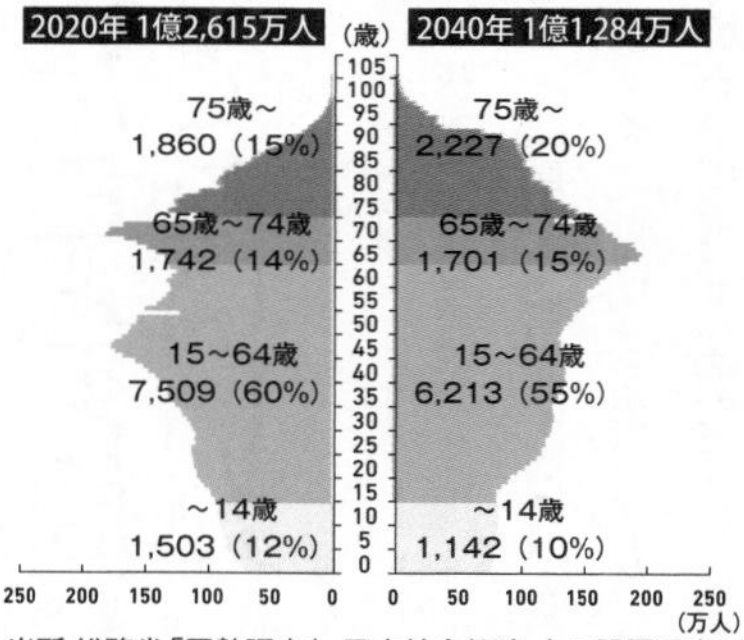

出所:総務省「国勢調査」、国立社会保障・人口問題研究所「日本の将来推計人口(令和5年推計)」出生中位〈死亡中位〉推計より加工
https://www.mhlw.go.jp/stf/newpage_21481.html

指標❷
2050年のGDPランキング(予想)

順位	2024	2050
1	米国	中国
2	中国	インド
3	ドイツ	米国
4	**日本**	インドネシア
5	インド	ブラジル
6	英国	ロシア
7	フランス	メキシコ
8	イタリア	**日本**
9	ブラジル	ドイツ
10	カナダ	英国

出所:PwC「2050年の世界 長期的な経済展望:世界の経済秩序は2050年までにどう変化するのか?」より加工

指標❸ 業種別、AIによって自動化される可能性のある業務の割合

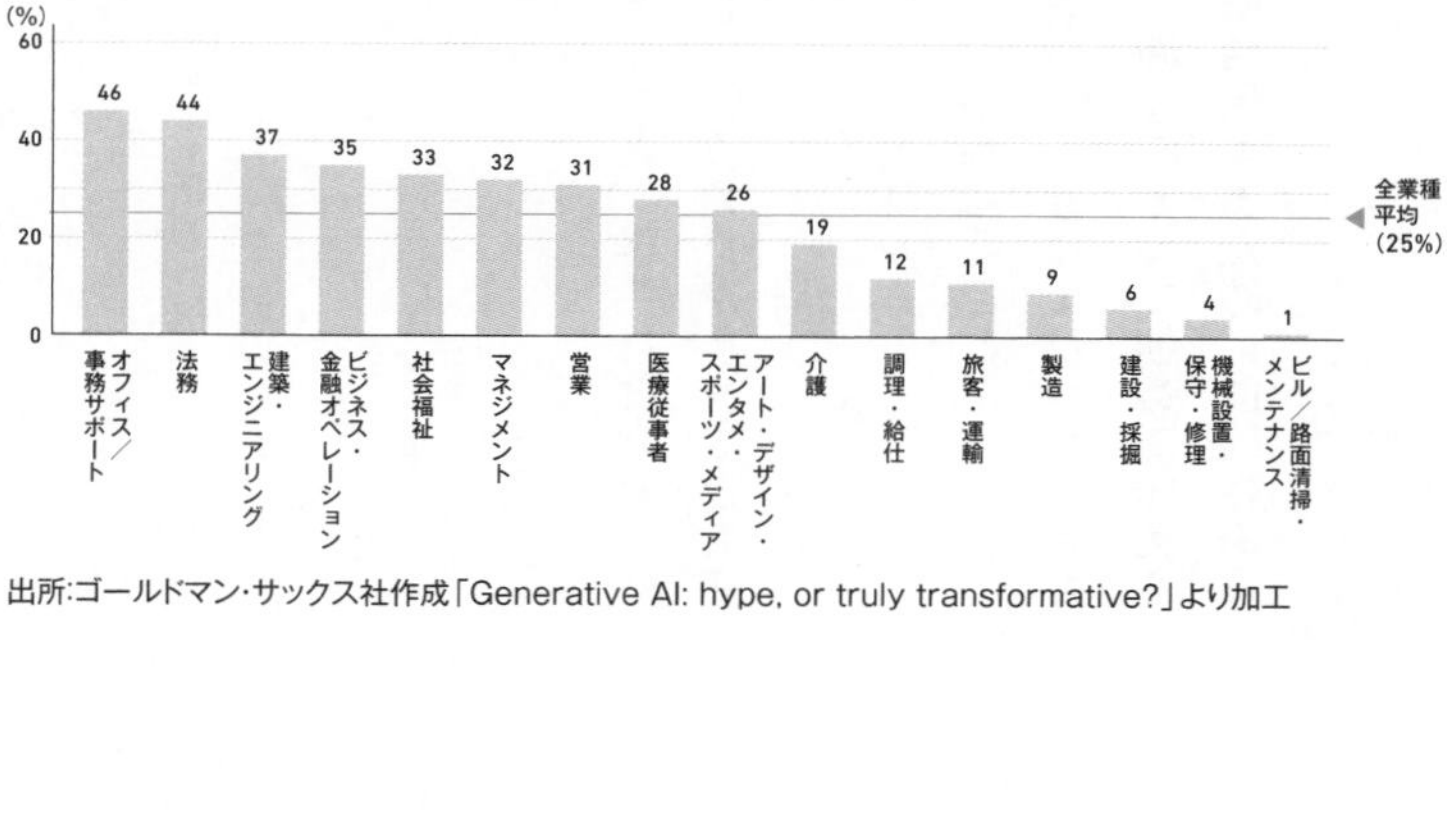

出所:ゴールドマン・サックス社作成「Generative AI: hype, or truly transformative?」より加工

話す内容について

ESに書いたことと同じことを面接で話してもいいか

同じ内容の話をするのが基本である。

ただし、書いてあることを暗記して音読するのではない。

「ESで書いたことを音読することになるのですが、これで大丈夫ですか」と、学生に聞かれることがある。もちろん、そのESに書いた内容によって書類選考に通過しているのだから、内容を変えるのはおかしい。

しかし、書かれていることを暗唱されただけでは、わざわざ面接に呼んだ意味がない。

ポイントは、文字数制限で書き切れなかった**重要なポイントを補足しながら語る**ことだ。

例えば、自己PRで語った能力が育まれた「環境」についてや、志望動機に書けなかった社会人訪問で聞いて心に響いた言葉などについて語るのだ。面接官と出会い、面と向かって初めて伝えられることがある。文字では伝え切れない、**微妙なニュアンスを相手に直接伝えるために面接はある**のだ。

「逆質問」では何を聞けばいいか

最近このスタイルの面接をする企業が増えている。

企業によっては、「逆質問」だけで面接をするところもあるほどだ。

理由は2つある。

1つ目は、**質問の内容を聞けば、その学生の志望度が分かる**からだ。

ネットで検索すれば分かってしまうような質問をする学生であれば「その程度のことも調べていないのか」と判断され、落とされてしまう。質問の内容と本気度は相関するものだ。

2つ目は、**その学生の頭のよさが分かる**からだ。

世の中にあふれる自社のニュースや情報をどのように収集し、解釈し、どのようなところに疑問を持ったのか。質問の質によって、思考力が見えるのだ。

「よく調べてあるね」と感心してもらえるレベルまでしっかりと研究した上で、質問を準備しておきたい。

「最後に何かありますか？」で何を伝えればいいか

きみが面接で伝え切れなかった点を、**最後の最後にアピールできる瞬間だ。**

面接官が聞き出せなかった、きみの魅力をしっかりと伝えよう。

「本日の面接では○○な面をお伝えできなかったので、それについてお話ししてもよろしいでしょうか」と断った上で、最後のアピールをする。

外見で誤解されることが多い人は、ここでイメージを刷新するのだ。

「よく体力がなさそう、などと言われるのですが、毎日10キロ走ることを日課にしています。この体力を活かして御社の営業として……」など、ネガティブな印象を覆す話をするのも、時として効果的だ。せっかくのチャンス、しっかり活かして結果につなげよう。

「媚《こ》びる」と「PRする」の違いとは何か

面接官に媚びない。気に入られようとしない。失敗しないようにと守りに入らない。

堂々とした雰囲気を最後まで貫く。気に入られたがっていると、きみの魅力がなくなる。

面接とは、採用とは、そういうものだ。


絶妙な距離感と対等な関係をつくれるよう、心がけよう。

失敗しないようにしようとすると、小さくなるし、魅力がなくなる。

スポーツと同じ。試合前はドキドキしても、グラウンドに立ったらのびのびと全力でいけ。

帰りの電車に乗るまで、胸を張っていけ。

面接官に気に入られようとしないためにも、遠くにある**自分のビジョン**を意識することだ。

この会社に入れなくとも、いや入らなくとも逃げていかない、揺るぎのないビジョンを意識しよう。

そして、面接官には敬意を払い、礼儀を尽くすが、気に入られようとは一切しないことだ。

そういう**強いメンタリティーを持っていることが**、**内定の条件**なのだ。

「内定したい」「入社したい」という気持ちを前に出さない。

入社後の活躍にフォーカスする。**入社後の活躍への思い**を語る。

「とにかく早く就職活動のプレッシャーから解放されたい」「早く内定が欲しい」という気持ちは分かる。しかし、その気持ちが強過ぎると、逆にどんどん内定から遠ざかってしまう。

「内定したい」「その会社に入社したい」という気持ちが強過ぎると、誰もが媚びてしまう。

どんどん小さな自分になってしまう。依存心が強く、自分に自信がない人、「面接官の顔色ばかりうかがう小者」という印象を与えてしまい、魅力がなくなる。

改めて、内定のための就職活動をしてはいけないことを意識してほしい。

あくまで内定は入り口であり、その先のビジョン、入社後の自分の活躍にフォーカスするのである。

内定しようがしまいが、仮にその会社に落ちたとしても決してブレないビジョンを持った、一本筋の通った人間としての強さを、面接官に「お見せする」のである。

演じるべきか、素でいくべきか

素でいくべきだ。

ただし、誤解しないでほしいのは「何も考えなくていい」ということではないということ。

「志望する企業が求めている人物像」をしっかりと把握した上で、「自分にはその能力があること」をしっかりと伝える。そのための工夫は必要だ。言葉選び、雰囲気、表情など、自分がその企業に入ってから活躍できる「予感」を、面接官に持ってもらわなければいけない。

しかし、面接を受けているきみが、「本来のきみ」と「まったく違うきみ」であることはよくない。

その企業が求めている能力がないことに気づきながら、あたかも適性があるかのように振る舞うこと。会社や社員の雰囲気と合わないのに合うふりをすること。

そんなことをしても面接官には見破られる。万が一内定したとしても、入社後にミスマッチを感じて悩んでしまうことになる。場合によっては、すぐに会社を辞めることもある。

就職活動はその先にある、**社会人生活が輝いて初めて成功**と言えるのではないか。

そのためにも、素でいこう。

選考に落とされて凹んでしまって面接に行くのが怖い。どうしたらいいか

敗因分析をすること。「なぜ落とされたのか」を自分の中で言語化する。

それが恐怖心をぬぐう最良の方法だ。

就職活動は気持ちが落ち込むことの連続だ。どんなに優秀な人も20社程度エントリーして、内定するのはたった1～2社だろう。つまり9割以上は落ちている。**同じことを話していても通ったり、落ちたりする。**

なのに、落とされることが続くと、自信がどんどんなくなっていく。話している内容はもちろん、自分自身にも自信がなくなり、面接自体も怖くなってしまうのだ。

そんな時こそ、敗因分析をする。そのためにも、Chapter 11の面接ライブノートをつくっておこう。

少し苦しいだろうが、何より大切だ。入退室の雰囲気が原因か、自己PRの中身か、志望動機の詰めか、面接官の質問に対する受け答えでかみ合っていない部分はなかったか。思い当たる点はいくつかあるはず。それらを分析する。そして、次回の面接に活かす。これを繰り返し、ある一定の期間が過ぎると、面接に落ちなくなる。落とされる要素をすべて排除できた状態になるからだ。

圧迫面接で面接官にムッとしてしまった。どうすればいいか

圧迫面接は、わざとやっている。

きみのためにわざわざそんな芝居をしてくれることに感謝の気持ちを持とう。

面接官もお疲れだから、中にはストレス発散もかねてやっているケースもあるかもしれない。しかし、基本的にはわざわざ疲れるようなことはやりたくない。志望者の対人ストレス耐性や、プレッシャー下でのとっさの切り返し、臨機応変に対応できる力を見たいからやっているのである。

圧迫面接だからといってビビる必要は微塵もない。しかし、あまりにも冷静でひょうひょうとしていたら面接官にとっては気分のいいものではないだろう。

そのあたりも、面接官の気持ちを敏感にリアルタイムで察知しつつ、ある程度シリアスに受け止めながら冷静に受け答えしていこう。

基本的には、冷静に対応すればいい。ただし、あまりにもクールな対応は失礼。それはそれで、コミュニケーションとしてまずい。せっかく相手が一生懸命圧迫してくれているのだから。

5種類の圧迫面接があることを知っておこう。

1. けなし（甘さや間違いを突く）
2. フレームはずし（答えようのないことについて意見を求める）
3. 無視（やる気のないふり）
4. ほめ殺し（おだてて反応を見る）
5. けなしとほめ殺しの繰り返しによる感情の揺さぶり

圧迫面接とは、志望者の考えや詰めの甘さ、単純な間違いなどを意地悪く執拗に突くような、分かりやすいものだけではない。

「宇宙という存在の、きみにとっての意味は？」など、突然それまでの常識的な面接の流れ、フレームをはずして、真顔で発想の飛躍を強いて圧迫することも少なくない。

これは、面接の途中で**突然モードを変えてくる**という手法で用いられるケースが多い。それまで、きちんとコミュニケーションを成立させておいて、急に意見がぶつかるというクイックな展開となる。突然の場の雰囲気の変化に、志望者がどう反応するかを見ているのだ。あるいは、「きみを面接する気はないんだよ」とばかりに、最初から存在を無視する類いの圧迫もある。あいさつして部屋に入ったら、面接官は横を向いていたり、あくびをしたり、自己PRを「ごめん、もう一度言って」と、何度も言わせて真剣に聞いていないふりをしたり。やる気がまるでない面接官を演じる。また、おだてて安易に舞い上がる様子をクールに見るという**「ほめ殺し圧迫」**もある。ほめて、ほめて、そして落とすのだ。

さらには、ほめたりけなしたりして感情を揺さぶる圧迫もある。

面接官と志望者という特殊な関係においては、この種の芝居はごく普通に演じられる。

このような圧迫が存在すること、さらにその目的を理解しておけば、対応策をわざわざ述べる必要はないだろう。

圧迫してくる面接官は、その後一転していい人になる。

これも知っておいていい知識だ。泣かされるほどの圧迫面接が終わったとたん、別の部屋に呼ばれ、「いやあ、きついことを言ってすまなかったねえ」などと言ってくるケースも少なくない（ちなみにこれも感情の揺さぶりによる圧迫面接の一環）。

圧迫するには相当のエネルギーを要する。面接に対する真摯な態度、志望者への愛情がなければやれるものではない。その会社に入社した場合、圧迫してきた面接官とは、一生付き合う関係になる可能性が高い。

そしてそんなきみも、数年後には、面接官として駆り出され、圧迫面接をやっているかもしれない。

面接当日は何を準備すればいいか

「誰かを蹴落としてでも自分が選ばれよう」ではない。

「自分もがんばるけど、みんなのことも応援する」という気持ちで受ける。

「自分さえよければ」という器の小さい人間がほしいという会社は少ない。自分に自信がないとき、人は「自分さえよければ」という気分になる。そうではなく、自分に自信がある状態で面接に臨みたい。

気分によって、かもし出す雰囲気やオーラ、印象はまったく違ってくる。誰だってどんなにすごい人だって、少々自信がないモードの時はある。そうなると、誰だってまず自分のことでいっぱいになり、どうしても自分優先、結果として「自分さえよければ」に近い心理状態になる。

「面接」をピークに持ってくるコンディションづくりが大事だ。

スポーツ選手が、試合の日、試合の時間にバイオリズムのピークがくるようコンディションを調整するように、就職活動においては、**面接でベストの自分を出せるようにする**ことが重要だ。

地方の学生はどうすればいいか

現在、大学や居住地が東京近郊ではないが、東京の企業を受けるという人。

面接官は東京で働くことへの覚悟があるか見極めようとしていると理解して、面接に挑もう。

「地方の学生は、首都圏の学生と比べるとのんびりしている」と、複数の人事や面接官から聞く。東京の企業を受けるということは、わざわざ遠くから足を運んでいるのでその気概は伝わるかもしれないが、それだけで満足しないようにしたい。「なぜ地元でなく東京（ないしは首都圏）で仕事をしたいのか」「何に挑戦したいのか」を、自分の中で言葉にしておきたい。

コロナ禍以降、地方の学生にとってのチャンスは拡大している。オンライン面接などの普及で、今までの就職活動に比べ、選考の受けやすさが時間とコストの面から大幅に改善しているからだ。

ただ、大事なことは前述の通りだ。

「なぜその企業に入社したいのか」を掘り下げ、「なぜ地元や大学から離れた地域の企業を受けているのか」という問いにまで答えられるようにしておく必要がある。それができなければ、せっかくのチャンスを活かせない。

チャンスは確実に増えている。好機を逃さないように。

Chapter 6

グループディスカッション(GD)対策

近年、採用面接の選考プロセスで必ずと言っていいほど
組み込まれるようになったグループディスカッション(以下、GD)。
ここでは、その全体像から攻略法までを解説する。
GDは、通る人はいつも通る。きみもしっかりと対策して
「GDは大丈夫」と思えるようになろう。

GDとは何か。何を見られるのか

グループディスカッション（GD）とは、「優秀な社員とは何か」「幸せの定義とは何か」など正解のないテーマについて、4〜6人のメンバーで議論するというもの。

制限時間は30分程度で結論を出し、最終的にグループの代表者1人が採用担当者に向けて発表する形が多い。

正解のないことを議論するため、ディスカッションが進むほど、考えなければいけないポイントが次々と見つかる。制限時間ギリギリで学生はあせってしまい、議論はどんどん混沌としていく。次第に学生たちの「素の状態」があらわになってくる。

だからこそ、**企業は学生の人間性をしっかりと見ることができる**のだ。

この後も繰り返し説明するが、GDの重要なポイントは「チーム全員の英知を結集して、最高の議論をする」ことだ。**協力が基本**。敵対することではない。ここではチームで仕事をする社会人としての基本を見られている。「全員受かる」か「全員落ちる」か、どちらかになるケースが多いと聞く。これを頭に入れて読み進めよう。

実際に出されたGDのテーマ

商社	未来の食料問題を解決する ビジネスモデルを考えよ
銀行	A、B、Cのうち、商業施設をつくるための用地取得に適しているものはどれか ※同時に資料が配られる
保険	歩きスマホをなくす方法について 議論せよ
コンサル	・日本の少子化を制御する方法を考えよ ・日本のカロリーベースの自給率を10年後に倍増させる方法を考えよ

※学生への調査をもとに作成

業界に関係するテーマが出されることが多い。
日頃から志望業界に関連するニュースを
チェックしておこう

GDには「役割」がある

次の4つの役割を決めてから開始するとスムーズに議論が進む。なお、議論を混沌とさせるためにあえて「役割を決めないでください」と人事が言うケースもある。

1．進行役（ファシリテーター）

積極的に意見を述べつつ、周囲の意見をまとめる。制限時間内で結論に導くことが求められる、難易度の高い役割だ。リーダーシップを発揮できるが、失敗すると全員の結果に影響が出る。

2．書記

みんなの発言をメモする役割。このメモは最終発表の準備の際に、考えをまとめるのに役立つ。ただし、メモに集中し過ぎると自身の発言回数が減るので要注意だ。

3．タイムキーパー

時間を管理する役割。何にどれくらいの時間を割くかを議論の最初に全員で決定し、そのとおりに進行するように適切なタイミングでアラートをする（声をかける）ことが求められる。

4．発言者／発表者

話を前に進める役割。アイデア出しやアイデアを深掘りする。全員が意見を言いやすい雰囲気をつくる、重要な役割。また、最終的にとりまとめたアイデアを発表することも。

GDの代表的な4つの役割

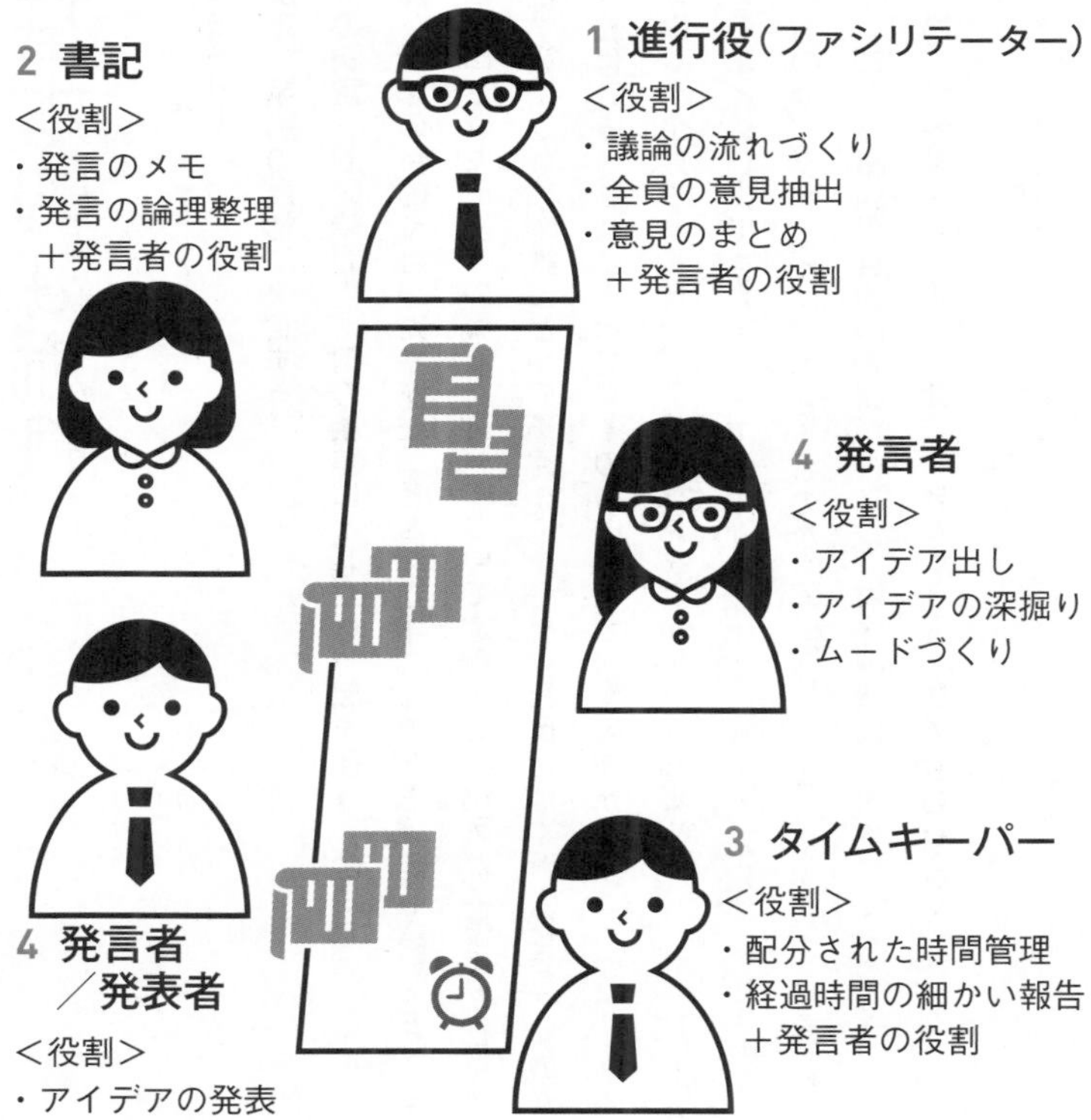
・配分された時間管理
・経過時間の細かい報告
＋発言者の役割
・アイデアの深掘り
・ムードづくり

・議論の流れづくり
・全員の意見抽出
・意見のまとめ
＋発言者の役割

・発言のメモ
・発言の論理整理
＋発言者の役割

どれが有利ということは「ない」。
自分が貢献できる得意なポジションに積極的に就く

GDの基本的な流れ

一般的な流れを紹介しよう。

1. **役割の決定**：議論の最初に決定する。
2. **時間配分の決定**：制限時間内に何の議論にどれだけ時間を使うかの決定。
3. **前提確認**：議論の目的や自分たちが誰（どんな立場）なのかを確認し認識をそろえる。
4. **定義付け**：出されたテーマの重要な言葉について定義する。例えば「優秀な社員とは」の場合、「社員とは誰を指すのか」「誰にとって優秀なのか」や、社員とは「新入社員」なのか「営業社員」なのかを定義付ける。これによって、その後に議論すべき内容がまったく変わってくる。
5. **アイデア出し**：全員でおこない、多くの意見をグループから集める。
6. **アイデアのまとめ**：出てきたアイデアの中から発表するものを選定する。そして、もう少し議論が必要なものや、グルーピングできるものなどを選び、発表しやすいよう言語化や論理構築を進めていく。ここで議論の目的の確認が役立つ。前提確認は必ずやっておこう。
7. **発表の準備**：発表者がスムーズに発表できるよう、全員で協力し合う。

GDの基本的な流れ
（30分の場合）

1.役割の決定	1分
2.時間配分の決定	2分
3.前提確認	3分
4.定義付け	3分
5.アイデア出し	12分
6.アイデアのまとめ	6分
7.発表の準備	3分

ここが重要（1〜4）
「チームづくり」と
「ムードづくり」を。
最高の議論にするために
「役割分担」と
「前提確認」、
「定義付け」をおこなう

ここが重要（5）
良質なアイデアを抽出する。
「全員」から発言を集めること

ここが重要（6〜7）
発表に使えるアイデアの
「選定」と、それの「論理構築」を
する。「発表者」の発表練習

全員の英知を結集して「最高のムード」で
「最高の結論」を導き出すこと！

GDで議論が進みづらいときの対策

前のページで説明した「定義付け」のように、抽象度の高いテーマを議論するときに有効なメソッドを2つ紹介しよう。

1. 条件付け

例えば「ジョギング人口を6倍にするためにはどうしたらよいか」というお題が出されたとしよう。これを定義付けするとしたら「ジョギングをする人とは、どんな人か」。例えば「週に3日はジョギングをする人」と定義付ける。しかし、これだけだとまだ抽象度が高い。

このとき、さらに条件を付けていくと具体化する。例えば「皇居周辺を走っている人」という条件を付けるとどうだろうか。さらに「丸の内で働く20代の女性」という条件を付けると、さらにイメージがわくだろう。

条件は1~2つ程度がよい。それ以上付けると、ターゲットが絞り込まれ過ぎて視野が狭い議論になってしまうので注意したい。

また、自分たちは誰なのかという視点も重要だ。スポーツメーカー社員なのか、厚生労働省の官僚なのか、広告代理店の担当者なのか。それによって目的や手段が異なる点を意識しよう。

2. テーマの逆を考える

制限時間内に、思った以上に議論がテンポよく進むことがある。「残り5分あるけど、もう結論出ちゃったね」と、グループの仲間と手持ち無沙汰になる。ほかにも、議論はしっかりと進んでいるが「何か別の視点があったほうが、よりよい議論になる気がする」という時がある。

そのような場合におすすめなのが「テーマの逆を考える」ことだ。

例えば「優秀な社員とは」と出されたら、「優秀じゃない社員とは」と考えてみるのだ。「ジョギング人口を6倍にするためには」であれば、「増えないとしたらなぜか」と考える。

この視点を持って議論をしているチームは意外と少ない。きみのチームの議論の質をグッと高めるチャンスだ。残りの制限時間と相談しながら、ひと工夫を入れてみよう。

GDで見られている2つの能力

GDでは「個人の能力」と「チームプレーの能力（対人能力）」が見られている。

個人の能力とは、「論理性」「思考力」「知識」「議論を展開する力（構成する力）」のことだ。

次のポイントで評価されている。

□独自の切り口でアイデアを出せるか

□発言の中身から引き出しの多さを感じるか

□議論の流れをつくるような提案ができているか

□議論の矛盾点に気づくことができるか

チームプレーの能力（対人能力）とは、全員で通過することを目指す力のことだ。

「リーダーシップ」「フォロワーシップ」「傾聴力」「対人関係力」「他者を活かす力」「盛り上げ力」があるかを見られている。

次の行動ができているかをGD中にチェックされている。

□その場の議論を引っ張ろうとする姿勢があるか

□誰かが引っ張ろうとしているシーンでは、貢献に徹することができるか

□「場を盛り上げる」など、短い時間で人間関係を構築できるか
□発言回数が少ない人に質問をふるなど「全員で協力する」意識があるか
□対立意見が出されたときに意見調整ができるか
□自分の意見が否定されても感情的にならずに議論を進めていくことができるか

この限りではないが、これらのポイントできみの能力や人間性が見られている。

「個人の能力」は育てるのにやや時間がかかるかもしれないが、「チームプレーの能力」は意識しだいで今日から劇的に改善することができる。

また、これらの能力を身につけるためにも、サークルやアルバイト、ゼミなどでおこなわれる会議の場で意識するのだ。正解のないものに対して議論するという点で会議とGDは同じだ。日々の会議で貢献度が高い人はGDで落ちないのだ。

GDではどのような姿勢が評価されているのか

では、前のページで紹介した能力は、どのような場面で評価されているのだろうか。あまりに基本的なことも含まれているかもしれない。それでも、できていない人が驚くほど多いのも現実だ。今一度、振り返ってみてほしい。

□人の話を聞く姿勢

きみは人が話しているときに、笑顔で聞いているだろうか。相づちやアイコンタクトなどはしっかりとできているだろうか。自分の意見を言うことに必死になり過ぎると笑顔がなくなる。また、メモを取ることに必死になり、発言者のほうを見なくなる。自己中心的な人のイメージを与えてしまう。人の性格は、人の話を聞く姿勢に出る。

□人の意見を肯定する姿勢

誰かの発言を安易に否定しない。まずは肯定する。議論の中で活かせるものがないかを常に検討する。人によっては議論に苦手意識がある。発言するのにとても勇気が必要なことだってある。もしかしたらきみが「それは違う」で一蹴してしまったことによって、その人は発言することを恐れてしまうかもしれない。まずは受け止める包容力がほしいところだ。

□盛り上げる姿勢

きみが参加するGDはいつも盛り上がっているだろうか。いいアイデアとは、いい空気から生まれる。笑いがあるチームや、お互いの意見を尊重できる空気、停滞した議論に風穴をあけるためにやや間抜けなアイデアも言えるような雰囲気のあるチームこそが「いい議論をしているチーム」に見える。そのためにも、きみが率先してその空気をつくりにいく。「いいね！」と人の意見を肯定する、間抜けな意見をあえてちょっとだけ言う。それで笑いを提供する。みんなが意見を言いやすい空気をつくる。

□人に意見を求める姿勢（全員で活躍する意識があるか）

常に意識してほしいことは「全員」が議論に貢献したかどうか。1人でも「発言していない状態」をつくっていないか、常に気を配るのだ。

自分が議論に貢献できたことへの満足感や、全体としては盛り上がっていること。議論の中身がそこそこいいことで満足してはいけない。きみが本当に優秀なのであれば「全員」が活躍することにこだわるのだ。

発言できていない人がいたら、「〇〇さんのバイト先にそういう人いる？」や「〇〇さんのサークルでこのテーマに当てはまる人いる？」など答えられそうな質問を投げかけ、参加を促そう。

評価ポイントが異なる2種類のGD

GDが実施されるタイミングは2種類ある。

選考初期の**1次面接**で開催されるケースと、選考終盤の**最終面接の直前**で実施されるケースだ。

前者は**「チームプレーの能力」**を中心に見てくる。きみがGDを通して良好な人間関係を構築できるか、適宜効果的な発言を繰り返しながら、その場に貢献できているかが見られている。1次面接は、参加学生の能力もさまざまだ。書類選考だけでは見えてこない対人能力を見ている。どれだけ書類でチームプレーをアピールしていても、実際のGDを見れば一目瞭然だ。

一方後者は**「個人の能力」**を見ている。最終面接の直前ということもあり、参加学生のレベルは高い。学生時代に何かを成し遂げてきた人が多く、そのプロセスでチームプレーを経験している。対人能力はみんな高い。その中できみは周囲に貢献しながら、議論を進めていく必要がある。ほかの学生と比べても十分に優秀な印象を与える必要があるのだ。このGDは実務に近いことが多い。**仕事の理解度も同時に見られている。**

GDがおこなわれるのはいつ？何次面接かで、見られるポイントは違う

1次面接のGD

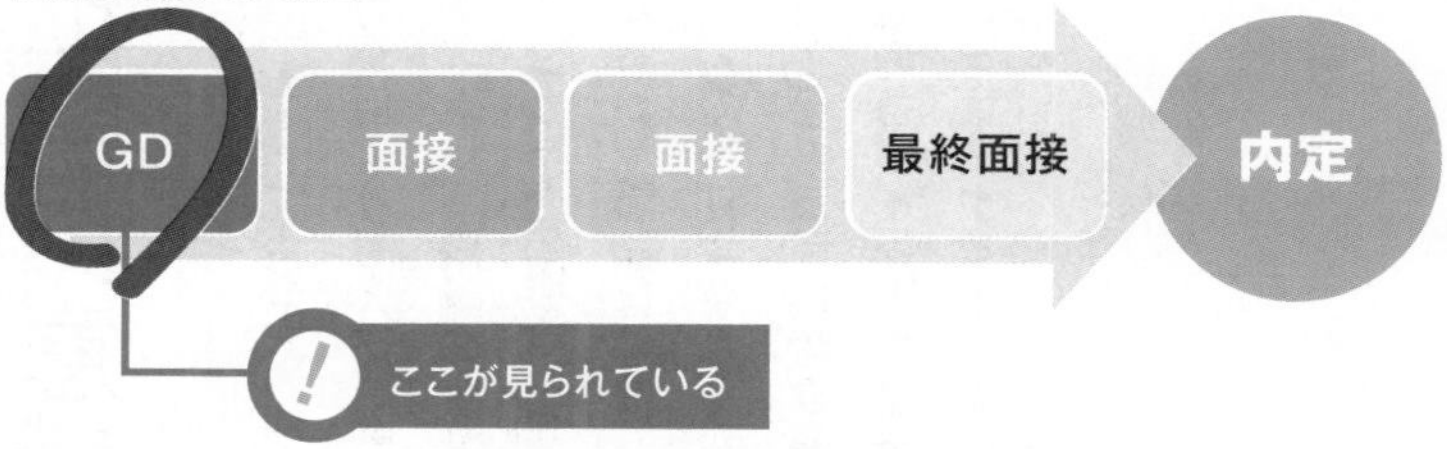

・対人能力、協調性、コミュニケーション力はあるか？
・チームプレーはできるか？

最終面接直前のGD

・ほかの学生よりも優秀か？
・倫理観の確認
・発想力はあるか？

GD参加中に常に意識してほしいこと

GDの重要なポイントは、**「チーム全員の英知を結集して、最高の議論をすること」**だ。

すでに伝えたとおり、協力が何よりも大切。敵対することはおすすめしない。

全員で協力し合っているチームは、議論の中身、雰囲気、結論、発表のすべてが質の高いものになる。結果、**参加しているすべての人が優秀に見える**。当然、「全員の選考通過」の可能性は高まる。

一方、敵対し合うとどうなるか。議論は停滞し、殺伐とした空気になる。結論は誰かが強引に決めたものになり、発表もその人の独りよがりなものになる。すべてのメンバーが自己中心的な人物に見えてしまい、全員、選考で落ちる可能性が高まる。

協力し合うためにも、議論の各ポイントで意識しておくべきことを左ページにまとめた。個人の能力に自信がなくても、これを意識するだけでGDの通過率はまったく変わってくる。

GDで意識してほしいこと

議論の流れ	！これを意識しよう
開始前	話しかける。仲よくなっておく。その後のGDの雰囲気がよくなる
1 役割の決定	役割には固執しない。どんな役割でもチームへの貢献を考える
2 時間配分の決定	議論の流れを意識して、タイムキーパーに管理をお願いする
3 前提確認	議論の目的や自分たちが何者かについて「全員」が一致するように
4 定義付け	「『全員』が意見を言えそう」な定義付けをおこなう。議論を活発にするカギだ
5 アイデア出し	仲間の意見を肯定する。盛り上げる。自分も短く、多く、発言する
6 アイデアのまとめ	論理性を重視する。主張の「盲点や矛盾」を「全員」で検討する
7 発表の準備	発表者の思考が整理されるように、「全員」で「全力」で応援する

「全員」で「協力」して結論を導くことを強く意識しよう

GD当日に向けて準備するべき3つのこと

1. 情報収集する

GDはその業界に関係のあるテーマが出されることが多い。自分がチームに貢献するためにも、自分がその業界に興味があることを伝えるためにも、最低限のことは調べておきたい。日々チェックしておくべきものは次の4つだ。

①業界のビジネスモデル（どうやって利益を生み出しているのか）
②業界の直近のニュース
③そのニュースが今後、その業界に与える影響についての関連情報
④業界のニュースで頻繁に出てくる専門用語

また、前年のインターン本選考で出されたテーマのチェックもしておきたい。

例えば「当社が海外進出するにあたり、最適な国はどこか」などが出題された場合、これらの情報を持っているだけで、チームに貢献できる情報提供やアイデア出しが可能になることは容易に想像できる。

2. 場数を踏む

議論に参加できる場所に積極的に参加しよう。

次に挙げる場は、GDに近い状況が頻繁に発生し、きみの成長のためにも価値のある場になる。

自分に残された時間とそれぞれの活動内容を理解した上で、興味のあるものには挑戦してみよう。

□ディベートなどの授業を積極的にとる
□サークルやアルバイトの会議に積極的に顔を出す
□ビジネスプランコンテストに参加する
□GDセミナーなどの場に積極的に参加する

GDは、通る人はいつも通るし、落ちる人はいつも落ちる。これは、その日までにその人が積み重ねてきた会議の場数に関係がある。挑戦あるのみだ。

3. 意識を変える

GDが得意な人の共通点を挙げておこう。少し乱暴だがこの2つが共通点だと思う。

まずは、これらを意識しながら会議に参加してみよう。

①話すこと以上に、聞くことに意識を向ける

GDが得意な人は、ほかのメンバーが発言しているときの姿勢も素晴らしい。次のことを意識して日頃の会議に参加しよう。「相手の目を見て話を聞く」「適度に相づちを打つ」「前のめりの姿勢」「人の意見に肯定的な反応をする」「対立する意見も素直に聞く」

②議論を常に自分が引っ張る意識を持つ

会議の際に次のことを意識しよう。気づいたらGDが得意になっているはずだ。「発言の回数を増やす」「進行役を買って出る」「対立意見を調整する」「議論が脇道にそれたら軌道修正する」「行き詰まった際に突破口となるアイデアを発信する」「場の空気を明るくする」「書記の役割を積極的に果たし、議論に貢献する」

GD当日に向けて準備してほしい 3つのこと

1 情報収集する

・業界のビジネスモデルを理解
・ニュースを読み、自分の意見を持つ
・業界の今後についての情報を集める
・専門用語を調べる

2 場数を踏む

・ディベートの授業
・サークル、アルバイトの会議
・ビジネスプランコンテスト
・GDセミナー

3 意識を変える

・人の意見を聞くことに意識を向ける
・議論を引っ張る意識を持つ

日々の積み重ねでGDはうまくなる。
今日からこの3つを実践しよう

Column

GDについてのQ&A

Q 周囲に圧倒されてしまったときは、どうすればいいか

A これは実によく聞く。コンサルや超難関企業のGDには、学歴も人格も知識面でも驚くほど優秀な学生が参加する。

大切なことは「GD当日に向けて準備するべき3つのこと」（178ページ）に書いておいたので、まずはそれを実行してほしい。

加えて、**議論を「聞く」ことに集中するの**が大切。

どれだけ優秀な人たちも、議論に熱中すると何かを見落とす。よくあるのは、そもそもの議論の趣旨からズレていく、結論を導こうとするときに矛盾が発生する、見落としている視点がある、などだ。社会人の会議でもよくある。常に議論を客観的に観察することを心がけて、気づいたことがあれば、そこに関して発言する。知識面や論理展開の速さなどで対抗しようとしないことが大切だ。

Q クラッシャーがいた場合、どうすればいいか

A

「自分の意見を徹底的に押し通そうとする」「とにかく周囲の意見を否定する」人のことをクラッシャーと呼ぶ。就職活動を進めていく中で、ほぼ全員が遭遇するだろう。

その人を野放しにすると議論は破壊されてしまうし、雰囲気も悪くなる。なんとかしたいところだ。

やってはいけないことは「敵対すること」だ。きみがその人に対して「ほかの人の意見も聞こうよ」などと言ってしまうと、大変なことになる。きみとクラッシャーの戦場になり、ますます状況が悪化してしまうだろう。

では、どうすればよいか。

「ルールをつくり、クラッシャーを落ち着かせる」というのがおすすめだ。

例えば「せっかくGDなので、誰かの意見とほかの人の意見が違った場合、全員に意見を聞いて、賛成意見が多いほうを採用しない？」や、「テーマについて、全員が必ず1つ以上意見を言うのをルールにしない？　全員の意見を聞いたほうが、いい議論ができそうだし」など、暴走を止めるルールをつくることだ。全員を相手取ってまで暴れることは少ない。有効に作用するだろう。

Q 一切発言しない人がいたら、どうすればいいか

A

「まったくしゃべらない」「小さくうなずいているだけ」「ひたすらメモをとっているだけ」の人がいる。

このタイプも就職活動の中で必ず出会うだろう。GDに強い苦手意識を持っている人が

こうなる。本人もそれでいいなどとはまったく思っていない。ただ、なんらかの原因で発言ができないメンタル状況か、知識の限界なのだと思う。その人に対して「何か意見ない？」と聞くのは、失敗する可能性が高い。

なぜなら、何を発言したらいいか分からないため、黙っているからだ。

であれば、**必ず答えられる質問**をする必要がある。その人が経験していることから答えられるよう、水を向けるのだ。

「パン屋の売り上げを上げる」のようなテーマであれば、「よく行くパン屋はある？　その中でもっとこうなったらいいのに、とかある？」と聞く。「優秀な社員とは何か」であれば「アルバイト先で社員と話すことってある？　優秀だなって思うときってある？」など。このような質問であれば、答えられるだろう。

Q どの役割をやると、選考を通過しやすいのか

A 役割と選考通過の関係性はまったくないと断言しておこう。

毎年、さまざまな噂が飛び交う。「進行役が一番リーダーシップを取りやすいので選考通過できる」「発表者が一番目立てるから通過する」など。

完全な誤解だ。

「進行役をやったが、ほかのメンバーのほうが優秀で、議論をまとめられずに選考で落とされた」という話をよく聞く。

発表者についても同じ。面接官に聞くと

「発表はおまけ。結論に至るプロセスでいかに議論に貢献したかを見ています。発表をどれだけ上手にやっても、それだけで選考を通過することはありえません」という。当然だろう。

大切なのは**議論への貢献**であって役割ではない。「GDで見られている2つの能力」（170ページ）「GDではどのような姿勢が評価されているのか」（172ページ）で書いたことを注意していればいい。

オンライン対策 その2
オンラインGDの対策ポイント

コロナ禍をきっかけに増えたオンラインGD。対面との違いを理解し、いいパフォーマンスを発揮できるように準備しよう。

大事なポイントは3つある。

□スムーズな議論のためのルール決め

対面でも同じことが起こりえるが、ほかの人と発言のタイミングがかぶったときに、譲り合いによってタイムロスしないようにする。

次のようなルールを最初に決めておこう。

「最初の発言は名前順にする」「手を挙げてから発言する」

□場の雰囲気づくりをいっそう心がける

画面上では一人ひとりの表情が見えにくい。発言するときも、発言を聞くときも、表情や身振りは「普段の1.5倍」を意識しよう。

特に表情は、真剣になればなるほど硬く、暗くなりがち。

常に口角をあげて明るい印象を維持し続けることを心がけよう。

□議事録でPCスキルをアピール

資料作成やPCでの情報共有に自信があれば、積極的に議事録を取ろう。

事前に、議論すべき項目を書いたフォーマットを、ワードやグーグルドキュメントで用意しておくのがポイントだ。それを活用すればスムーズに書記役になれる。テーマによって論点は変わるので、常に議論の本質が何かを意識しながら臨機応変に対応する。また、書記は発言の意図をくみ、必要なことだけを書く必要がある。それができないと、議論のスピードを遅くしたり、流れを止めたりしてしまう。考えながら素早くタイピングできるようにトレーニングをしておこう。

フォーマットに入れておく項目は次の通りだ。

①議論の目的、②自分たちが誰（どんな立場）なのか、③議論するポイント（課題や論点）、④結論に向けてのまとめ（評価など）

Chapter 7

社会人訪問対策

企業研究の意味でも、企業へのアピールの意味でも、
重要度が増している社会人訪問。
積極的にこれをおこない、何を聞き、
どれだけアピールできたかで、その後の選考の合否にも影響する。
漫然とやってはいけない。ここに書いてあることを実行しながら、
しっかりと準備をして進めていこう。

社会人訪問とは何か

社会人訪問とは、企業研究の場だ。志望企業で働いている人に会って話を聞くことにより、説明会では聞けないことや、ネットで調べても分からないことを知ることができる。さらには、会った人の「働く上で感じたこと（喜怒哀楽）」を聞き、自身が働くイメージをより鮮明にすることもできる。

しかしここ数年は、**非公式の「面接」**の場にもなっている。

訪問された社員が学生の印象なども会社に報告するよう指示されているところが年々増えている。社会人訪問のプラットフォーム（「ビズリーチ・キャンパス」など）に仕事として登録するよう、社員に指示している企業もある。選考の面接以外の場でも、しっかりと学生の能力や適性と向き合おうとしているのだ。

ある企業では、社会人訪問で評価が高かった学生だけを集めて、非公開のインターンシップや特別セミナー、選考の免除などをおこなっている。

また、ある超大手企業は、社会人訪問の評価が高い人と低い人とで明確に区別して、本選考の面接を進めている。**評価の高い人から順に面接枠を解放し、低い人に残りの枠を解放する**仕組みだ。となると、スタート時点で「選考の有利・不利」の差が歴然とついてしまうのだ。

つまり、ESを通過したとしても、社会人訪問の評価によって大きくリードにもハンデにもなるのだ。それならばなおのこと、社会人訪問を自身の選考により有利になるよう活用したいものだ。社会人訪問が「面接」ならば、そこでしっかり自身をアピールし、「ぜひ一緒に働きたい」と思ってもらう必要がある。

このチャプターでは、社会人訪問を「面接の場」と位置づけ、知っておくべきことと注意すべきことにフォーカスして解説する。

きみのちょっとした油断が原因で、社会人訪問が評価を下げる結果にならないように。しっかり準備することで、未来の可能性を広げられるようにしたい。

「知っている」と「できている」は違う。本当にできているか、自問しながら読み進めよう。

社会人訪問ではどんな学生が評価されるのか

1．しっかり自分をアピールできる学生（記憶に残る話ができる学生）
2．企業研究ができていて、質問が鋭い学生
3．志望動機が明確で、「第一志望」であることが伝わる学生
4．社会人の話を聞き、会話を展開できる学生

社会人訪問では、質問すると同時に、自分をアピールする必要がある。

1〜3は通常の選考と同じだ。

本選考のつもりで、しっかりと伝えよう。

気をつけたいのは、必要以上に「面接」として身構え過ぎてしまうこと。

どうしても自分が話すことに必死になってしまう学生が多い。

それでは残念ながら落とされてしまう。

4についてだが、社会人訪問は「聞く場」でもある。一問一答の会話ではない。彼らの話す内容をもとに、どれだけ会話を引き出すことができるか。または、盛り上げることができるか。

相手の表情を見ながら、熱を持って話している時や、キラキラした表情をする瞬間を見つける。相手の信念や価値観に触れるチャンスだ。どんどん質問を繰り出し、話を展開させていこう。

きみがその会社で働くイメージを持つための重要な情報を次々と聞くことができるだけでなく、その社会人にとっても、話していて楽しいため、自然ときみに好印象を抱く。

つまり、高く評価する可能性が高まるだろう。

社会人訪問は面接練習でもある

社会人訪問に慣れてくると、面接で落ちにくくなる。

これは、今まで学生を指導してきて確信していることである。

社会人訪問に力を入れた学生は、大人との会話に慣れている。結果として、面接の質問にも的確に答えることができるのだ。

例えば、大手広告代理店D社に入ったTくん。彼は社会人訪問のたびに、先輩たちから「今日の僕の甘い部分を、考え方も、立ち居振る舞いもすべて厳しく指摘してください」とお願いした。

自分から申し出たものの、相当ズバズバと言われ、始めた頃は落ち込む日々だった。

しかし、そこでめげないのがTくん。もらったアドバイスをノートに記録し、「次はどう伝えればいいか」「どんな知識をつけるべきか」「どんな質問をぶつけたいか」など、自分の甘さと向き合い、改善点を徹底的に洗い出していった。時にはくやし涙を流すこともあったが、日に日に成長していく様子が見てとれた。

そして、訪問した人数が30人を超える頃には、まるで別人のような落ち着きと、風格が漂っていた。話す姿勢、人の話を聞く姿勢、目つき、顔つき、そのすべてが洗練されていた。

「Tくんなら大丈夫だね」と、我究館コーチ全員が思った。

当然のように第一志望に内定した。

Tくんが素晴らしかったのは、年齢が近くて気楽に話せる20代、30代だけではなく、管理職世代である40代、50代とも積極的に会っていたことだ。

世代によって、雰囲気や考え方がまったく違う。

会話をするのも緊張するし、何を聞いたらよいのかも分からなかっただろう。多くの就活生が、世代が上の人たちへの訪問を敬遠する。そして、慣れていないその世代の方たちと、最終面接で会って、落とされてしまうのである。

ぜひTくんのように、練習の場として積極的に社会人訪問をおこなおう。

社会人訪問時の「7つの注意点」

細かいようだが、次のさらなるポイントも押さえておきたい。

実は、「会って話す」内容以外のところで評価がつけられることも多い。社会人としても大切なポイントだ。

1．服装は原則スーツで

スーツで行こう。「普段どおりの服装」で、などと言ってくれることも多いだろう。それでも、時間をいただき、お話を聞く場だ。誠意を見せることは大切だろう。仮に相手がスーツでなくても本選考と同じようにバッチリ決めていこう。社会人訪問と本選考を区別しない。社会人が自分のために忙しい中で時間を割いてくださっているのだ。髪型、スーツなど見た目をしっかりと整えて挑みたい。

2．お礼メールはすぐに送る

訪問した当日に、必ずお礼のメールを送ること。早ければ早いほどいい。翌日だと「ああ、面倒くさかったんだな」と思われてしまう。感謝の気持ちを行動で示すのは基本の基本だ。

また、テンプレートのようなお礼メールを送る学生が多い。「ほかの人に送ったお礼メールのコピペなんだろうな」と思われてしまうものだ。それでは逆効果。しっかりとその日に聞いた具体的な内容に触れながら「○○さんが話されていた××が大変参考になり、今後の就職活動で活きてきそうです」のように、しっかりと何について感謝しているのかを伝える必要がある。

3．就職活動の進捗報告をする

「いよいよ、御社の選考が始まりました。精いっぱいがんばってまいります」など、選考の進捗や結果なども報告しよう。人との関係を大切に。僕も今まで数十人の社会人訪問を受けてきたが、これがしっかりとできる学生は10人に1人程度。報告がないからといって、嫌な気持ちはしない（というより思い出すことが少ない）。けれども、報告があるとかなり好印象だ。「この学生に時間をとってアドバイスをあげてよかったな」と思わせてくれる。

4．訪問しておきたい企業と人数

志望度が高い企業に社会人訪問しないのは言語道断だ。

本選考の面接官の手元に、受験者が訪問した社員の一覧があることも珍しくない。志望度が高い企業であれば、最低5人の社会人訪問をおこないたいところ（理想は20人以上）。

また、人事の評価とは別に、きみが進路を考えるにあたり、社会人訪問は非常に重要だ。

企業の「社風」を知ることができるのが一番だ。自分がどこの業界や企業に合っているのかが分かる。例えば同じ商社でも「三菱、三井、伊藤忠」で社風は全然違う。どこの業界でも同じだ。複数人と会うことによって、自分がどこの企業と一番合うのかを肌で感じることができる。

5．質問する前に知っておくべきこと

大手企業で働いている人は自分の部署の仕事以外について意外と詳しくないことが多い。学生はその企業で働いているのであれば、どんな部署のことでも知っているはずだと思いがち。そのため、さまざまな部署について質問してしまう。そこで「ちょっとその部署のことは分からないな」といった回答をもらい、会話が続かなくなってしまう。そのような場合、「自分の志望部署のことが聞けないな」と気持ち的に盛り下がってしまう人もいる。

これではもったいない。

部署が違っても聞けることや感じるものはある。例えば「大切にしている価値観」「仕事のスタイル」「その会社のカルチャー」といったものだ。全部署に共通する「挑戦する人を評価する」という風土がある会社だとする。その会社の社員は、リスクを恐れずにどんどん自分から手を挙げて仕事を取りに行くだろう。その過程で、成功もあれば失敗もある。さらに感動的な物語もたくさんある。こういったことは、社会人訪問を通してでしか聞けないことだ。

6.「会っている人」その人にも興味を持つ

なぜその会社を選んだのか、その中で働いてみてどうか。何を感じたか、それはなぜか。今はどう思っているか。学生時代に戻るとしたら同じ会社を選ぶか。また、その人が何を考えて仕事をしているのか、何を哲学として持っているのか。何に悩み、どのように解決しようとしているのか。誰だって、自分の働いている会社のことよりも「自分に」興味を持ってくれているほうがうれしいものだ。会ってくれた人の人生の物語をしっかりと聞かせてもらおう。

7. 次の人を紹介してもらえるか

「社会人訪問のアポイントを取るのが大変」という話もよく聞く。最近では社会人訪問専用のSNSなどもあり、以前よりもはるかにアポイントは取りやすい。しかし、僕は最強のツールを「紹介」だと思っている。

社会人訪問の最後に「〇〇さん、本日はありがとうございました。御社に対する志望度がますます上がりました。そこで、もしよろしければ、〇〇さんの同僚の方で××の部署の方がいらっしゃいましたらぜひお会いしたいのですが、ご紹介いただけませんか？」と聞いてみるといい。きみが誠意を尽くした社会人訪問をできているのであれば、きっと紹介してくれるはずだ。

もし「みんな忙しいからな〜」のようにやんわり断られたら、きみには何か失礼があったのかもしれない。その人に「同僚に紹介すると迷惑をかけてしまう」と思わせている可能性がある。

また、きみが「素敵」だと思った人にはぜひとも紹介をお願いするといいだろう。社会人になると活躍している人は活躍している人同士で会話をし、刺激を与え合う。つまり、素敵な人から紹介される人は素敵である可能性が高いのだ。

残念ながら逆もある。会社に不満を持ち、グチばかり言っている人は、同じような人とつるむ傾向がある。こういった人への社会人訪問を繰り返していると、企業の等身大の姿をとらえにくくなるばかりか、就職活動への意欲を奪われてしまうことにもなりかねない。

Chapter 8

リクルーター面談対策

事実上の選考となっているこの場をいかに乗り越えるかが、
選考の合否を決める。基本的には面接と対策は一緒だ。
ここではその概要と注意点を伝えておこう。

リクルーター面談とは何か

リクルーター面談とは、**企業がおこなう非公式の面接**のことを指す。現場社員が人事から依頼を受け、リクルーター（採用担当者）として、自社を志望している学生と面会し、学生の印象や評価を人事に報告するというものだ。プレエントリーや会社説明会などに参加した直後などに、リクルーターから連絡がくる。カフェやファミレスなど会社の外で待ち合わせ、1時間程度就職活動の話をするといったものだ。オンラインでおこなわれる場合もある。面接解禁日よりも2〜3カ月前の時期に頻繁におこなわれる。「選考とは関係ない」などと言われることから、学生側はリラックスしてしまうことが多いが要注意だ。内容的には「面接」である。

リクルーター面談は、**銀行、保険、ゼネコン、メーカー**で頻繁におこなわれる。「面接」と同じ仕組みなので通過した場合は、次のリクルーターから連絡がくる。

企業によって異なるが、内定者は5人以上のリクルーターと会っていることが多い。中には10人を超える場合もある。実質の「面接」を複数回突破しているようなものなので、評価が高い学生は、面接解禁日に内定が出る。もしくは数回の選考を経て内定、という流れになる。

リクルーター面談でよく聞かれる質問は、次のようなものだ。


「学生時代に最も力を入れたことは何ですか?」

「企業選びの軸は何ですか?」

「当社の志望動機を聞かせてください」

「どんな仕事がしてみたいですか?」

「強みと弱みは何だと思いますか?」

「当社の課題は何だと思いますか?」


お気づきのように、「面接」と何も変わらないのである。

本番のつもりで準備をしておく必要がある。

ここで注意したいのが、本選考と違い、カジュアルな雰囲気で聞いてくることだ。例えば、「学生時代に最も力を入れたこと」の聞き方なら「どこのサークルに入っていたの?」「ゼミはどこのゼミ?」「へえ、〇〇って、知り合いだよ!」「幹部とかやっていたの?」といった調子だ。

油断して、ついつい学生側もカジュアルな回答をしてしまいがちだが、適度な緊張感を保つようにしてほしい。

リクルーター面談時の「5つの注意点」

1.連絡をもらった時点で、選考が始まっていると考える

電話をする際の言葉づかいは大丈夫だろうか。最低限の敬語は使えるようにしておきたい。メールでやりとりすることが多いので、書き方のマナーを勉強しよう。宛名の書き方、文章の書き出し、敬語の使い方、署名の有無など、ビジネスパーソンの常識を身につけるのだ。「学生だから、できていなくても仕方がない」では、きみの評価は決して上がらない。「学生なのにしっかりしている」と好印象を与えるためにも、ビジネスマナーは押さえておきたいところだ。

2.服装も選考対象になる

「選考に関係ないので、いつもどおりの格好で」と言われることがある。その場合でも、基本はスーツがよいだろう。本選考と同じく、スーツのシワや髪型など、ビジュアル面もしっかりと整えてから挑みたい。

3.面談までに準備をしよう

本選考の面接と同じような準備をすること。「学生時代にがんばったこと」「自己ＰＲ」「志望動機」は、簡潔に話せるようにしておこう。また、リクルーター面談は、社会人訪問と似た流れで進むので、「何か聞きたいことある？」など「逆質問」の時間が長くとられる傾向にある。最低20個は質問を準備したい。

4．面談時はリラックスし過ぎないようにしよう

リクルーターはリラックスしているだろうが、学生であるきみは適度な緊張感をもって面談に臨もう。とはいえ、その場の空気をつかみ、ある程度盛り上げることも必要だ。緊張でガチガチになっているようでは、相手は会話を楽しめない。会話の流れの中で、適度なユーモアや印象に残るエピソードをはさみつつ、緩急をつけたいところだ。面談後に「この学生と一緒に働きたいな」と思ってもらえるよう、いい時間を過ごそう。

5．面談後、リクルーターへの感謝の言葉を忘れずに

忙しい中、時間をつくってくださった方へのお礼の連絡は必ずしよう。社会人訪問と同様、可能な限り当日中にするのがベストだ。

どうすればリクルーターに声をかけてもらえるのか

では、どういう人がリクルーター面談に呼ばれるのか。企業との接点がなければリクルーターからも声がかかりにくいが、次のどれかに当てはまればリクルーターにつながる機会は増える。

こんなときは、リクルーター面談につながるチャンスだ。

1. プレエントリー・エントリーしたとき（特に上位校の学生）
2. 「説明会」「セミナー」でいい印象を持ってもらえたとき
3. インターンシップで評価が高かったとき
4. 社会人訪問で評価が高かったとき
5. 大学のゼミ・研究室の先輩が会いに来てくれたとき

1は誰でも……というわけにはいかない。上位校の学生にはリクルーターがつく可能性が高いが、だからといって安心してはいけない。例えば、就職のナビサイトオープン「初日」にプレエントリーができている学生以外には、リクルーターは声をかけない企業もある。積極的に情報収集し、早めの準備を心がけよう。

2~**5**については、今から主体的に動けば、チャンスを手に入れることができるはずだ。特に**2**には注意したい。

学生が思っている以上に、人事担当者はきみたちを見ている。どこの席に座るか（当然、最前列が好印象だ）、質問をするか、待ち時間に何をしているか（スマホをいじりながら、ダラダラしていないか）、など。きみという人間を、さまざまな角度からチェックしている。

志望度が高い企業であれば、前のめりな姿勢で臨み、積極性をアピールしよう。

企業は、自社に対する志望度が高い学生を探している。

そういう意味では、自分から企業側にアプローチしている姿勢を見せるのが何よりも大切なことだ。

リクルーター面談は、1対1ではない場合もある

ちなみに、1対1の面談でないケースもある。

「少人数の特別セミナー」「社員交流会」「意見交換会」などだ。

これらもすべて**「面接」**であることを、つけ加えておきたい。

我究館生が体験したケースを紹介しよう。「社員交流会」と呼ばれる、4人の学生が現役社員と会話する機会を設けてもらった。終始リラックスした雰囲気で「聞きたいことある？」と声をかけ、学生の質問に何でも答えてくれた（注：これは逆質問面接だ。質問の内容によって志望度を見ている）。

その後、2人の学生だけが次のリクルーターに呼ばれ、残りの2人は落選してしまった。企業側から何も連絡がこなかったのだ。

Chapter 9

内定者はみんなやっている模擬面接

自分の将来を決める面接。
それにぶっつけ本番で臨んでいるようでは、
結果を出すことは難しい。
事前の練習があって初めて、
面接の場で本領を発揮することができる。
第一志望内定者は、平均30回程度の模擬面接をおこなっている。
きみも必ず取り組んでから本番に挑もう。

模擬面接の大きなメリット

内定者は例外なく面接前に「模擬面接」をやっている。スマホの前で実際の面接で話す様子を撮る。そして撮影した動画を見ることで、自分の改善点を発見する面接練習のことだ。

少し面倒くさそうに思えるかもしれないが、少しの勇気とちょっとのまめさがあれば意外と簡単にできる。しかもその効果は絶大である。強くおすすめしたい。

そのためにも、**模擬面接**のやり方を押さえておこう。

ほとんどの場合は友達同士となるだろうが、実は社会人と一緒にできると最高だ。

しかも実際に**活躍している社会人**がベストである。そういう人であれば、企業で求められるものも分かっているだろうし、大人の視点で物事を見てもらうのは、非常に意味のあることだからだ。また、録画することを強く強くすすめる。自分の模擬面接をチェックできるし、ほかの人にもチェックしてもらえる。

模擬面接をやるとどんな差が生まれ、どんなメリットがあるのかは左の表のとおりだ。

模擬面接のメリット

1. 場数を踏むことで自分のペースをつかむことができる
2. 自分を上手に伝える能力を鍛えることができる
3. 面接中の自分はどんな状態で、どんな様子かが客観的に分かる
4. 自分のアピールは、何が有効で、何が有効ではないのかが明確になる
5. 面接でしゃべる内容について、整理できる
6. どんな受け答えが効果的なのかが、明確になる
7. 面接官から見た自分の印象が手にとるように分かる
8. 面接官の視点が理解できる
9. 面接官が求めているものが確認できる
10. 他人の様子を見ることで、自分の振る舞いを直せる
11. ほかの人の面接のいい点を参考にできる
12. 面接の全体像がしっかりと把握できる

面接を受ける側だけでなく、
面接官役もやってみよう

面接官役もやってみよう

面接を受ける役と面接官役の両方を必ず経験しよう。

模擬面接を受けるのも大事だが、実は面接官をやることも非常に重要である。模擬面接のメリット**6 7 8 9 12**については、面接官役をやってみることで、面接を受ける以上によく分かっていくものである。ぜひ、面接官役も率先してやっていこう。

ただ、これまで面接官をしたことがなく、うまく面接官役ができないという学生もいる。そこで、そのコツを紹介しておく。

よくあるのが、「深掘りする質問ができない」という悩み。その際は「なぜ?」と聞くことが重要だ。面接官役をしていて「なるほど」と思った瞬間があったら、そのまま聞き流さないようにしよう。機械的になってもいいので、すかさず「それはなぜですか?」と聞くようにしよう。これを繰り返すことで、面接を受ける役の答えを深掘りできる。

それ以外にも「質問が思いつかない」ということもあるだろう。このときは、そもそも面接で何を聞くのかを思い出そう。それは、能力と人間性だ。話を聞きながら「この人はどういう人なのか」と「なぜそうなのか」を整理しよう。あらかじめノートやメモ用紙に枠をつくっておき、模擬面接を進めながら埋めていくのも有効だ。その時に、疑問や納得できない点が出てきたら、それについて聞いていこう。

学生同士では、志望動機よりも自己PRについての模擬面接が有効だ。学生の立場では、志望動機が仕事で再現性のあるものなのか見極めるのに限界がある。最低限、学生の目線からでも納得感の高いものに仕上がっているか確認しておこう。

一方で自己PRであれば、より深掘りしていくことができるはずだ。しっかりした受け答えができていると、面接官役だけでなく、面接を受ける役も納得して話せるようになる。これが重要だ。

ちなみに、我究館では模擬面接が当たり前のように連日繰り広げられている。面接を受ける役、僕やほかのコーチ陣と共に面接官をやる役、模擬面接をチェックする役、この3つの役割を必ずローテーションで回し、面接力アップを図っている。ぜひ、きみたちにも実践してみてほしい。

模擬面接は、分析してこそ力になる

模擬面接をおこなったら、**必ず分析やフィードバックもおこなおう。**

この分析は必ず複数人でやろう。一緒に模擬面接をおこなった人や仲間とやろう。そしてできれば社会人（それも活躍している社会人がいい）と一緒に分析することを強くすすめる。

本番では、きみたちの面接を判断するのは、その会社で活躍している社会人である。だからこそ、分析やフィードバックの際には、社会人の目でもチェックしてもらいたい。

さて、実際に自分の面接を分析するには、どのようなポイントを見なければならないのか。ここはちょっと難しいので、詳しく説明したい。面接分析の際に重要なチェックポイントは、左のとおりである。

6つのチェックポイントを意識して繰り返し模擬面接をおこなおう。

模擬面接 分析チェックポイント

1. 話している人（自分）は、その面接でどんな人だと思われたのか

◆自信の度合いはどう見えたか？

・どこまで自分は活躍できると「信じ切っている」人か
・現状の自分に、どれだけ自信がある人か

◆意識はどう見えたか？

・リーダーシップがある人か
・自立性を重んじる人か
・プロ意識を持っている人か
・先を見ている人か

◆性格はどう見えたか？

・全力を出せそうな人か
・絆を大事にできる人か
・枠にとらわれていない人か

◆頭のキレはどう見えたか？

・問題意識の高さはどうか
・アイデア力はどうか（ユニークなアイデアを出せる人か）
・コミュニケーションの察しはいいか

2. その人の特にダメな点（意識、性格、頭のキレなど）は？

3. 2は、面接のどのような点（表情・態度・声・話し方・間のとり方）から、感じられたのか

4. 各質問に対する答え（話した内容）から、どんな人だと思われたのか（特にネガティブな視点で）

5. もう一度同じ質問がきたら、今度はどのように答えるのか

6. 5のように答えたら、それに対してさらにどんな突っ込みの質問が出るだろうか。その質問に対しても、答えを準備する

模擬面接は最低でも5回以上やる

最近では、模擬面接を体験できる就職セミナーなどが多数存在しているが、実は模擬面接は**1回やっただけではほとんど意味がないと思っていい**。1回ぐらいでは、「緊張した」とか「全然しゃべれなかった」という状態を確認するだけで、その後の改善にはつながりにくいのである。

模擬面接は、最低でも5回はやりたい。週に1回程度でもいい。その代わりコンスタントに何度も繰り返してもらいたい。きみの面接力は飛躍的に上がっていくだろう。

なぜ、何度も繰り返すことが必要なのか？　それは、

□1〜4回目の模擬面接：面接に「慣れる」ため
□5回目以降の模擬面接：改善ポイントを「修正する」ため

という模擬面接の特徴があるからだ。これらを考えると、実質的に面接力を上げるためには、最低でも5回以上こなすこと。そこで初めて自分の改善ポイントを修正できるようになる。

面接を突破するための「模擬面接分析」をおこなおう！

❶模擬面接

面接を受けている
自分の姿を動画
で撮って見てみる

❷分析

6つのチェックポイントにそって、
模擬面接を客観的に分析し、
対策を練る

分析は1人でやる
より、仲間や先輩
とやろう

自分のものだけでなく、
ほかの人の面接動画も
研究しよう

模擬面接分析・6つのチェックポイント

①話している人（自分）は、その面接でどんな人だと思われたのか

②その人の特にダメな点（意識、性格、頭のキレなど）は？

③②は、面接のどのような点（表情・態度・声・話し方・間のとり方など）から、感じられたのか

④各質問に対する答え（話した内容）から、どんな人だと思われたのか（特にネガティブな視点で）

⑤もう一度同じ質問がきたら、今度はどのように答えるのか

⑥⑤のように答えたら、それに対してさらにどんな突っ込みの質問が出るだろうか。その質問に対しても、答えを準備する

週に1回程度、最低でも5回は、
「模擬面接→分析」を繰り返そう！
ほとんどの人が見違えるような進歩を見せる。
恥ずかしがらずに実行あるのみ！

仲間の面接動画も研究しよう！

できれば、**自分の動画を見るだけでなく、仲間の動画も一緒に見てほしい**。「人のふり見てわがふり直せ」である。

さらには、志望企業に内定した先輩、それも難関企業に内定した先輩をじっくり研究してもらいたい。研究しながら、時にはその先輩のモノマネまでしてみよう。ばからしいと思うかもしれないが、これが効果絶大なのだ。

話し方や間のとり方、表情・振る舞いなど、また言葉では何とも表現し難い「雰囲気のつくり方」などを、映像と音声からバッチリ吸収できるのだ。

いいものはどんどん吸収して、自分のものにしていこう。

Chapter 10

絶対におさえたい面接の質問59

ここでは面接で聞かれる頻度の高い59の質問とその答え方を紹介している。普遍的なものから最近の傾向まで、聞かれる可能性のあるほぼすべてのパターンを網羅している。これに答えられれば、面接対策は万全と言ってもいい。これ以外の質問をされても、この中の質問のバリエーションに過ぎないので安心して取り組んでほしい。

面接がうまくいかない人の、2つの特徴

「結論ファーストで答えなさい、と言われるが、どうすればいいか分からない」「何をどう話したらいいか分からない」などという面接の悩みを学生からよく聞く。今まさにきみもそう思っているかもしれない。

それに対して「論点を整理して、ロジカルに話そう」と言うのは簡単だ。しかし、それでは根本的な解決になっていない。なぜ面接できちんと話せないのか。問題は大きく分けて2つある。

①質問の背後にある意図をくみ取れず、質問を理解できていない
②自信がなく、余裕を持って臨めていない

実は、これらはいずれも自己分析が足りないことから生じている。

まず、①に関しては、そもそも質問をちゃんと聞けていないから正しく答えられない。なぜここでその質問が出されたのかという質問の背景にある「面接官の意図」が分かっていないので、何を答えればいいのかが分からない。相手がほしいと思っている回答を用意することができず、その回

答を端的にまとめた結論を先に言うこともできない。

それは、自己分析が不十分だからだ。自分のことを徹底的に分析して、どの角度から聞かれても、何を聞かれても大丈夫なように準備をしていて初めて、さまざまな質問に対応することができる。もちろん、質問を想定して準備したとしても、相手が自分の用意した台本どおりに聞いてくれるとは限らず、臨機応変な対応が求められる。ただ、十分準備ができていれば、たとえ相手の質問が想定外で一瞬戸惑ったとしても、ああ、これは自分のコミットメント力を試しているんだな、経歴の中にある「弱み」をどう克服したかということが知りたいんだな、などと勘が働くようになる。

そして②。面接でうまくいかないのは、自信を持てていない、余裕がないからだ。余裕がなければ面接の場で相手の意図を想像しながら、相手の言葉にきちんと耳を傾け、質問を落ち着いて聞くということができない。聞けていないから、的確な答えを用意できない。

そして、結局それも、自己分析が足りないからということになる。自分のことが自分でよく把握できていないから、何を聞かれても答えられないような気がして不安でびくびくしてしまうのだ。自己分析をちゃんとしていれば何を聞かれても結びつけていけるし、質問されたことに対応する答えを返し、なおかつ自己PRを付け加えることさえできる。

だからまず、自己分析を徹底的に突き詰めるのが対策の基本だ。そして、それをさらに面接での回答と結びつけていくために、このChapterでは、59の質問とその意図を、面接当日でも読み切れるようにまとめている。学生が実際に面接で話した実例も多数掲載している。大事な面接が迫っている人でも、今すぐに対策ができるようになっている。1次から最終面接まで、あらゆる場面に対応できる。ここにない質問を受けることがあるかもしれないが、そのほとんどは掲載している質問の派生形にすぎないから恐れることはない。

前述したように、自己分析ができていれば、そうしたバリエーションに答えるのは決して難しくない。自己分析を深めながら、最頻出かつ基本の質問とその意図を把握しよう。本番前に質問の意図をくむ力を養い、自己分析をさらに磨き上げてほしい。焦らなくていい、一歩ずつ改善すれば大丈夫だ。きみなら絶対にできる。

質問の意図を正確に把握し、攻略する

面接といえば、アピールするもの。したがって、何をしゃべるか、どう表現するかといった「発信すること」ばかりに意識がいってしまいがち。

しかし、伝えるということは、「受け手（面接官）が、どういう気持ちなのか」をつかむことである。

伝えるためには、何をしゃべるか、どう表現するか以前に、**「質問の意図（狙い）は何なのか」「何を聞きたがっているのか」**を正確につかむ必要がある。これは、対面でもオンライン面接でも同様だ。

①各質問には面接官のどんな意図があるのか、学生の何を知りたいのか。質問の狙いを把握する
②各質問の意図を踏まえ、自分だったらどんな答えをするか、事前に考えておく

このChapterで挙げている質問は、非常にポピュラーであり、必ず聞かれると思ってよい。

ということは、すべて「さあ、どうぞホームランを打ってください」という〝やさしい質問〟なのだ。したがって、これらの質問にうまく答えられないようではマズイ。必ず事前に考えておこう。

面接の質問「5つの切り口」

質問は、おおむね次の5つに大別できる。

①現在に関する質問……長所、短所、モチベーションの源泉、こだわりなど
②過去に関する質問……一生懸命だったこと、挫折経験、人生における大きな決断、大学の専攻や研究の専門分野など
③未来に関する質問……夢、ビジョン、当社で挑戦したいこと、志望動機、会社への提案など
④就職意識や就職活動の進捗状況に関する質問……なぜ就職したいのか、他社の選考状況など
⑤時事問題などに関する質問……気になる時事問題と、それについての意見など

結局どの質問も、**自分について**、あるいは**自分の意見とその理由**を述べるものなのである。

言うまでもなく、「質問への答え」の根底にある「自分のコア（大切にしてきた価値観、これからも追い求めたいもの）」を、「揺るがぬものとして自覚している」ことが大切なのである。

そしてすべての質問で、「どんなことをどのようにしゃべると有効か＝相手が何を望んでいるか」が分かっているかどうか、つまり学生の賢さや察しのよさ、**コミュニケーション能力の高さ**を問われているのだ。もちろん媚びを売ることが有効なのではない。

何が有効かは、会社や面接官によって微妙に違う。その場の空気を読み、ニュアンスを合わせる姿勢も、大人として必要である。

面接で求められるスキルは、一朝一夕に身につくものではない。

各質問に対し、何をどうしゃべるかを考えておくだけでは十分ではない。相手と心を通わせながら、流れを読みながら、どう伝えていくかを十分に練習して、**身体で感覚的につかむ**必要がある。

注意事項

準備したことをただ話す人は、落とされる

想定される質問に対して、あらかじめどのように答えるかを考えておくことは必要なことだ。しかし、それには次のようなリスクがある。

①言葉のキャッチボールがおろそかになる

面接はキャッチボールだ。「しゃべる内容」にばかり意識がいき、肝心な、**「空気を読むこと」**や**「面接官の気持ちを読むこと」**、また、**「自然なコミュニケーション」をおろそかにしてはいけない。**

あらかじめしゃべる内容を準備しすぎると、「あれは言えたか、これは言えたか」と、頭の中で自問自答が始まり、面接官と心を通わすことがおろそかになってしまうものだ。

②会話の流れにない受け答えをしてしまう

一つひとつの質問に対し、「その質問にはこの答え」とパターン化してしまうと、面接の流れの中で、時にずれた回答をする可能性がある。例えば、アルバイトの話を語ろうと思っていたが、面接官が興味を示した勉強の話をかなり熱く語っていたとしよう。その場合、アルバイトの話は、面接官が興味を示さない限りは、自分から詳しく話すべきではないかもしれない。このあたりは、そ

の場の空気次第なのだ。あらかじめ用意しておいたとおりにしようとすると、間抜けになってしまうのだ。

③つまらない面接になってしまう

あらかじめ用意してきたことを答えていると思うと、面接官は楽しくない。好印象を持たれなくなり評価が下がる可能性がある。そうすると、きみの人間性を知るために「最近イライラしたのはどんなことですか？」などといった用意ができない質問が飛んでくる。

面接官と心を通わせながら、言いたいことを簡潔に伝えるスキル。面接が始まってからの流れをくみ、流れの中でふさわしいことを答えるスキル。これらのスキルが十分でないまま、何をどう答えるかばかりに熱中すると、まともなコミュニケーションにはならない。面接官と心を通わせることなく、間抜けな一問一答をしてしまうことになるだろう。気をつけてほしい。

面接は、**面接官と心を通わせながらも、自分の意見を堂々と語るメンタルの強さ**が絶対に必要なのだ。

就職活動の成否を決める「コア」について

採用担当者が頻繁に質問してくる「企業選びの基準」や「就職活動の軸」は、言葉は違うが、同じものを意味する。この本ではそれを「コア」と表現している。面接官がする質問の多くは、コアを確認するためのものだ。そのため、本文中に「コア」という言葉が頻出する。

「コア」とは**「人生を通じて大切にしたい価値観やこだわり」**だ。「今までどんなことを大切に生きてきたか」、そして、「これからどんな喜びを味わっていきたいか」「どんな人生のテーマを追いかけていきたいか」といった質問に対する答えがそれにあたる。コアは、育った環境、家族、親戚から感じたこと、などから始まり、小・中・高・大学時代のさまざまな経験を通してきみの中に育まれる。

自己分析をすると、一生懸命だったこと、くやしかったこと、学校や学部、ゼミ選びなどの過去の経験談にも、会社選びや仕事選びといった未来のビジョンにも、一貫した価値観があることに気づくはず。自分が大切にしてきた、そしてこれからも大切にしていきたいこだわりが見えてくる。それこそがコアなのだ。きみのことをよく知らない相手に対して、自分のことを分かってもらえるよう、**コアを軸として自分について語る**のだ。自分の考えが、感覚的なこと、思いつきではなく、パーソナルヒストリーの中で育まれた信念にもとづいていると伝えることで、面接官はきみの決意、信頼性、人間の深みを感じることができるのだ。

面接の質問項目は、
きみ自身のコアにつなげよう

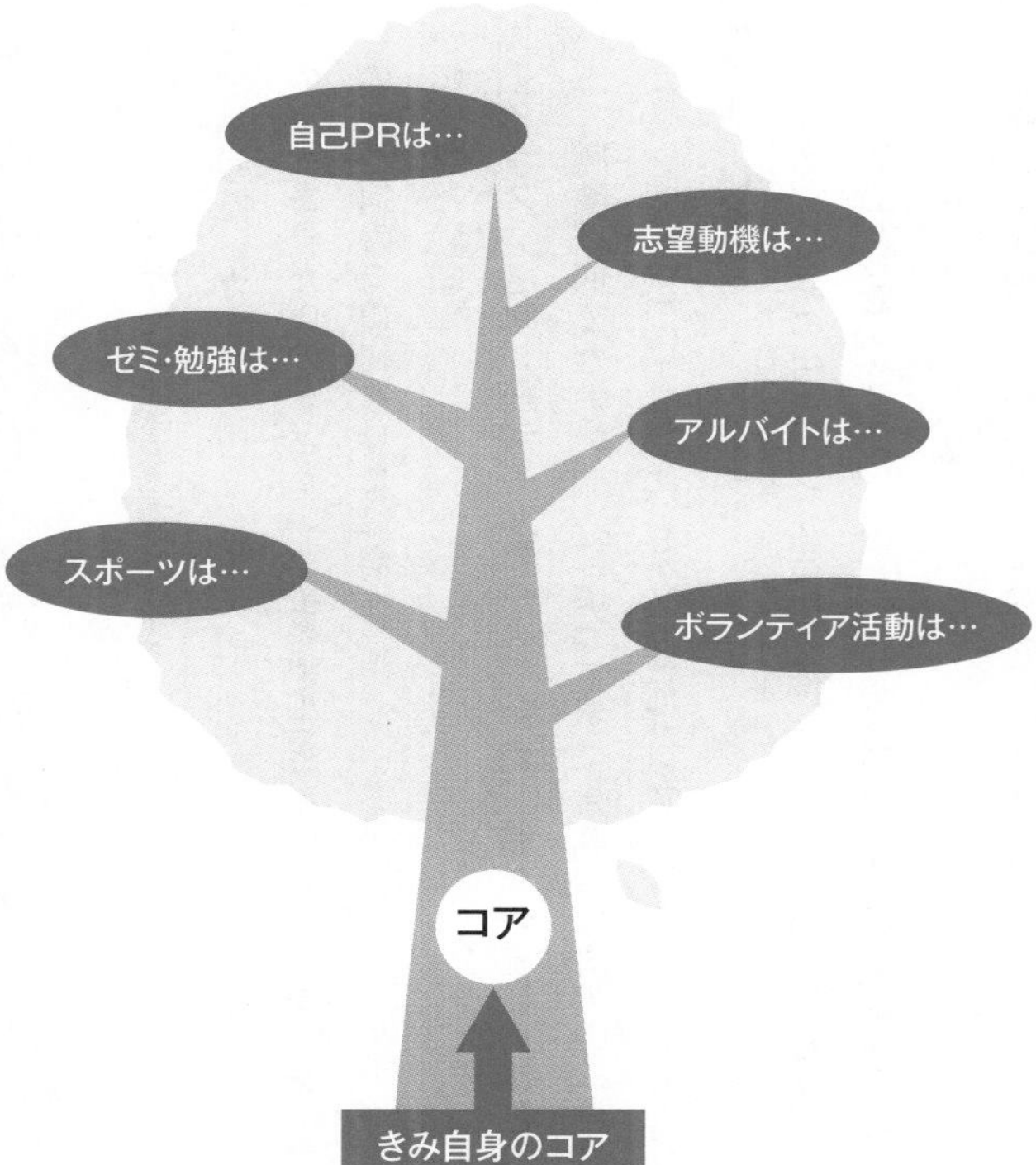

今までの学生生活とこれからのやりたいことを一貫した価値観（コア）でつなぐことが大切だ

コアを考えるための3つの切り口

「コア」は、次の3つの切り口で考えると見えてくる。

1. Being：どんな人でありたいか

どういう人格・性格の人でありたいか。どういう姿勢で生きていきたいか。身につけたい能力や専門性はどういったものか。何のプロになりたいか。

2. Having：何を手に入れたいか

ライフスタイル、ステイタス、名誉、経済的な豊かさ、仲間、温かい家庭、休日の過ごし方、住みたい場所、乗りたい車、職業、何でもいい。人によって手に入れたいものの「中身」は違う。一度しかないいきみの人生において、「手に入れたいもの」は何なのか。

3. Giving：社会に与えたい影響

手に入れたいものではなく、社会の中でどんな役割を持ち、どんな影響を与えていきたいのか。誰に（どんな人たちに）、どんな影響を与えたいのか。社会のどんな課題を解決していきたいのか。

特に3がコア（仕事を通じて実現したいこと）になることが多い。

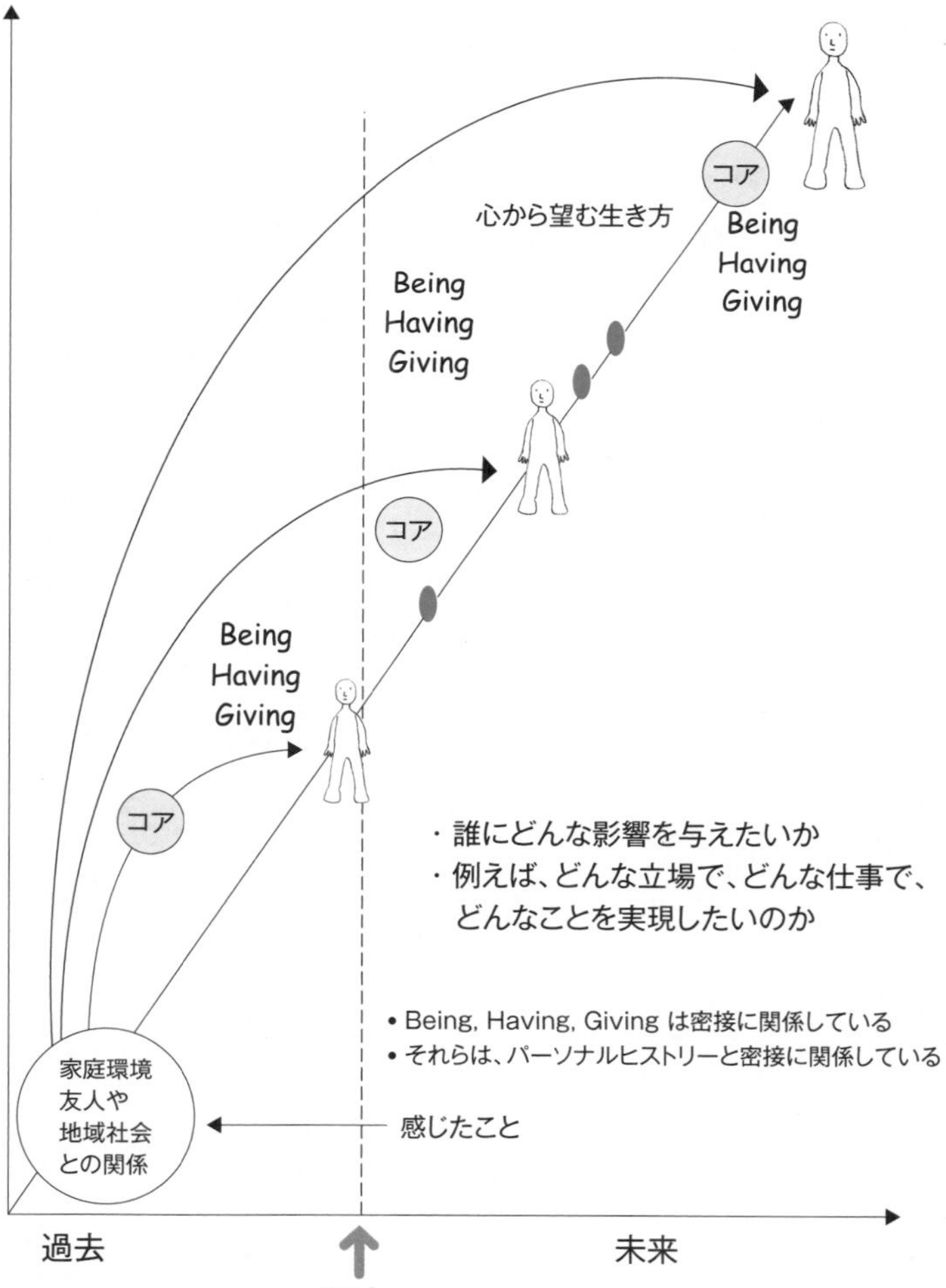

自分のコアを突き詰めたい人は、『絶対内定2026 自己分析とキャリアデザインの描き方』を読もう

答えられるようにしておきたい近年頻出の質問

面接の質問

1

コロナ禍を経て変わったことは何ですか。

質問の狙い

社会や環境の変化に対しての柔軟性や適応力を見ている

- 未曾有《みぞう》の事態に対して何を考え、行動したのかをチェックしている
- 社会的な影響や変化について、能動的に考えられるのかを探っている

攻略のポイント

■学生生活や家庭など、身の回りで起こった変化をただ聞いているわけではなく、**現状をとらえる力、それに応じて自分で考え行動する力があるか**を聞かれている

■事実だけを述べるのではなく、その状況を自分がどうとらえ、何を感じたのかを言語化して伝えよう。**行動の変化だけでなく、考え方やスタンスの変化を語ること**も有効である

■仕事でも予期せぬことは起こり得る。その時に状況認識力、意思決定力が必要だ。目の前の現実に打ちひしがれることなく、自分で考え、行動したことを堂々と語ろう

■この質問を見て焦ったきみへ。今からでも遅くない。自分の置かれている現状を分析してみよう。変えられること、変えたいことを明確にし、行動しよう

■こんな学生がいた

「授業やサークルの運営方法がころころ変わり、そのたびに対応を求められた。そのうちに、次にどんな変化が起こるかを考えるクセがついた」

「学校に行く機会が減るとともに、人とのコミュニケーションが減った。そこで、自分から積極的にコミュニケーションをとる意識を高めたり、機会を増やしたりした」

「コロナの影響でフラッシュモブができなかったので、TikTokでダンス動画の配信をするようになった」

企業にとっても、不測の事態に素早く適応するのは重要なこと。一緒に働く人に、その能力を求めるのは当然だ。今からでも遅くない。自らの状況を客観的にとらえ、考え、主体的に行動しよう。

面接の質問

2

コロナ禍においてあなたが新しく始めたことは何ですか。

質問の狙い

困難な状況での主体性と、行動力を見ている

- 未曾有《みぞう》の事態の中でどう行動したのか聞いている
- 大きな環境の変化に対して、能動的に行動したのかをチェックしている
- 行動した背景にある、きみの価値観やモチベーションの源泉も見ている
- きみががんばれることと、仕事との共通点を探っている

攻略のポイント

- 面接の質問1と似ているがこちらは「行動力」をより見られている
- どんなことを、なぜ始めたのかを語れるようにしよう
- 一度きりではなく、継続していることを語ろう
- 自分のコアは何なのか。そして、それをどう具体的な行動として実践し、継続しているのか伝えよう。コアが明確でない人は我究（自己分析）をして、まずは自分にとって何が大事なのか確かめよう。どんなことならモチベーションを高めてがんばれるのかを理解し、行動に変化を起こそう
- 実践したことと、志望動機の関連性を確認しておく。この質問への答えと、志望動機が一貫していれば力強い主張になる
- 周りの人を巻き込んでやったことはないだろうか？　そういった経験があるとなおよい。なぜなら、仕事は一人で完結することはないから。関係者との調整に苦労するものだが、コロナ禍の学生生活はその調整力を養う絶好の機会だ。そして、採用する側もその力を確認したいのだ
- どんな目的意識を持って行動を始めたかが大事だ。自宅でもオンラインでも、できることはたくさんある。自信を持って語れることがない人は、今からでも始めよう。遅すぎることはない
- 「何もありません」では受動的な人だと認識されてしまう

■こんな学生がいた

「家族でダンスエクササイズして、10キロ痩せた」

「オンライン麻雀大会を開催した」

「3DCGソフトを使った『歌ってみた』動画の制作。4カ月試行錯誤した結果、2作目がユーチューブで14万再生された」

「中国留学が中止になったので、中国語学習コミュニティをつくった」


コアとセットで語ると、主張の一貫性や納得感が一気に上がる。例えばコロナ禍によって、友人と過ごす機会が減ってしまったとする。友人と共に楽しむ時間をつくりたいと、オンラインラジオ体操や、オンライン飲み会を何度も継続的に開いたら、これは具体的な行動として語れるだろう。その時に、そのコアにある「人を喜ばせること」も合わせて伝えるのだ。

現在の
長所・短所・価値観に
関する質問

面接の質問

3 自己PR（自己紹介）をしてください。

質問の狙い

強み、弱み、価値観、人間性（人柄＝誠実さや厚み、深さ、リーダーシップ、コミュニケーションスキル）を見ている

■「簡潔に分かりやすく語れるか」
「どんな雰囲気（態度・顔つき・話し方・声）で語るか」
「どんなことをどんなふうに語るのか」
によって、きみが他の学生と何が違うのかを確認する

■「どんなことを話すと有効なのか」を分かっているかどうかで、賢さを判断する

攻略のポイント

- 幼少期から今日までのライフストーリーを伝えながら、自分のコア（大切にしてきた価値観）や強みを長くても1分以内でPRしよう
- 話す内容も大変重要だが、内容だけではなく、**話し方や声、話している時の雰囲気で伝えるつもりで**
- 分かりやすく、ゆっくり、落ち着いて、ハッキリと、明るく、楽しく話す。話している時はアイコンタクトをバッチリおこなう
- 自己PRの内容が人生で何度も活かされていると評価が高い。「強み」が中高、大学でも発揮されていると、その能力に再現性があると分かる
- 面接官は、きみの話を聞きながら次の質問を考えている。したがって**面接官の記憶に残すため**に、具体例や個性的な話を織り交ぜる
- 多くのことを伝えようとしない。長く話さない。どんなに長くても1分以内に収める
- **暗記の棒読みは絶対にNG**。できるだけ自然に、相手の心に届ける
- リーダーシップや誠実さなどの人間性は、内容よりも、雰囲気や抑揚、カツゼツの明確さ、間のとり方などの話し方や、態度や顔つき、表情などから伝わる、心を動かす力、ひきつける力で判断される

ありふれた話では面接官が飽きてしまう。きみならではの話や表現をしよう。

いきなり具体的な話をしないように。面接官が興味を示してくれてから、細かいことを述べるのだ。最初はアウトラインだけでよい。

「**○○という思いで、○○や○○に打ち込んできました**」

きみの答えに対して、突っ込んだ質問が必ずくる。どんな質問がくるのか、必ず想定しておくことだ。

慣れていない場合は自己PRで言いたいポイントをしっかりと整理しておこう。そして「このポイントだけは伝えよう！」と考えればいい。

❗自己PRのポイント

①そもそも私はこんなヤツだ。
（→コア）
②①を根拠づける経験や、幼少期の環境。
（→アウトライン）

面接の質問

4

一言で言うと、あなたはどんな人ですか。

質問の狙い

きみ自身のことを伝えるための最も重要な部分を分かっているか、チェックする

- きみがどんな人間かを端的に把握する
- きみの最大のセールスポイントを確認する
- 「どんなことをしゃべると有効なのか」を分かっているかどうかで、賢さを判断する
- きみの表現力を確認する
- きみのコミュニケーション能力を把握する（一言で言えるかどうか）

攻略のポイント

■「一言で言うと」と聞かれているのだから、**ごく簡潔に一言で答え、必要に応じて具体例を入れて説明を添える。**自分自身を分かりやすく表す言葉・表現を用意しておこう

■「自分自身にキャッチフレーズをつけてください」というバリエーションもある。その場合は、多少キャッチーな言葉・表現を使いたい。過去には「情熱ゴリラ」「女子校育ちのアンパンマン」といったコピーをつけている我究館生もいた

■基本は、コア（となる価値観）あるいは強みを分かりやすく伝え、どうしてそのようなコア、強みを培ったのか、背景・ヒストリーを語ることで論理的に伝えたい

■スペックや見た目の印象では伝わらないことを述べるのも有効。相手が気づいていないであろう、魅力を伝えよう

■きみの答えに対して、突っ込んだ質問が必ずくる。どんな質問がくるのか必ず想定しておくことだ

■少しウイットを利かせた表現もありだ。あったかく笑える程度であれば、話も盛り上がる。その場合は、少し間をとって〝今考えた〟という演出を

■こんな学生がいた

「一歩踏み出す勇気を与える人間です」「飛び出す勇気とやり抜く意志を大切にしています」「挑戦をモットーとしております」

おとなしい人が「普段は静かですが、肝心な時にみんなをまとめるリーダータイプです」などと、意外な一面（実はそれほどでなかったとしても）で攻めるのも有効。その勇気に、本人もノッていける。面接官も見直してくれたりして、のびのびと面接できることもある。

逆に、前に出たがりのリーダータイプが、「こう見えて意外と縁の下の力持ちにもなります」とかますのもあり。

面接の質問

5 あなたのこだわりは何ですか。

質問の狙い

これもきみのコアを確認する質問

- きみの価値観を探る
- きみらしさを確認する
- きみ自身が、どんなことにこだわるのか、本音を理解する
- 「どんなことを話すと有効なのか」を分かっているかどうかで、賢さを判断する

攻略のポイント

■自分のコアを意識して答える
■「なぜ、それにこだわるようになったのか」という背景も併せて伝えるといい
■具体例もさらりと伝える
■こだわった結果どうなったのかも伝える
■一つひとつの事象に対するこだわりというよりは、普遍的・包括的なこだわりを
■しらじらしくならないように。信憑性・説得力のある話をせよ
■こだわりに縛られてしまうような、頭の固い人という印象を与えないように

■こんな学生がいた

「私は、結果にこだわります」


本当かな？　と思ってしまう。

本当だとしてもややクサい。

きっかけや具体例が入れば、もっと信憑性が増す。

また、こだわりを聞かれているのだから、どんな結果にこだわっているのかが、知りたいところだ。

「人ができないような結果」なのか、「自分のベストを出した結果」なのか、それとも「みんなが出せる結果」なのか。

そしてそのこだわりが、仕事にどう活かせるというのか。そこまでを意識しておきたい。

面接の質問

6

あなたが大切にしている価値観は何ですか。

質問の狙い

▼ **きみがどんな価値観を大切にしているか確認している**

▼ **それによって、入社後のミスマッチを避けようとしている**

■ どんな人かを知るためのストレートな質問の1つ

■ 質問の意図を理解し、適切に答えられるかを見ている

■ 物事を決めるときに、何を大切にする人なのかを見ている

■ 抽象的な概念を言葉にするための（論理的）思考力を確認している

攻略のポイント

- 価値観（コア）は短く答える。長文ではなく、単語であるほうがよい
- 自己PR、学生時代に力を入れたこと、志望動機と価値観の関連性を伝える
- 抽象的な価値観と共に、価値観が形成された背景や、それが発揮された経験や決断といった具体的なエピソードを語ろう
- これが明確に語れないと、主張の一貫性がなくなり説得力が下がる。面接の評価もいいものにはならない可能性がある

答えに悩む人は、次の2つを参考にしてほしい。

①大きな意思決定をした際の判断基準

人生最大の決断、進学先の選択、大金を支払ったできごと、周囲と違う選択をした経験などを思い出そう。その時、何を考えていただろうか。

「周囲が喜ぶ」「他人から認められたい」「早く成長して成果を出したい」など、人によって大事にしていることは違う。そこに価値観を探るヒントはある。

②今までにがんばったことの共通点

どんなことをがんばってきたのか思い返してほしい。

例えば、部活動などのスポーツ、勉強、仲間や恋人を喜ばせた経験、困難や不幸を乗り越えるためにしたことなどだ。これらの共通点から、今後仕事へのモチベーションとなる価値観が見つかるはずだ。

面接の質問

7 あなたの長所は何ですか。

質問の狙い

「どんなことを話すと有効なのか」を分かっているかどうかで、賢さと、会社で活躍できるかどうかを判断する

- 他の学生と比べて、何が秀でているのかを把握する
- きみ自身が、自分の長所をちゃんと把握しているかを確認する
- この質問をした時に、すでに面接官はある程度頭の中に、きみの長所を描いている。その頭に描いた長所とのすり合わせをおこなっている
- 同時に自信の度合いもチェックする時がある
- 話している内容よりも、話している時の雰囲気や様子、話し方から判断される

攻略のポイント

- ただの長所ではなく、仕事で活かせる強みを伝える。仕事に関係なさそうな長所ばかりでは、間抜けな印象を与えるだけになる
- 企業研究をおこない、志望企業の志望職種で求められる能力を明確にしてから、何を話すかを決める
- どうしてその長所を持つに至ったのか、背景を語ることで論理的に伝えたい
- 話している時の雰囲気、様子、**話し方と内容が一致するように**アピールする
- 説得力を持たせるため、効果的かつ具体的な例を出す
- **偉そうにしない**こと。偉そうにすればするほど、虚勢を張っているように見えてしまう
- 「現在、まだ発展途上であること」を感じさせる。長所を言ってあぐらをかくのではなく、「まだまだこれから伸ばしていきます」的な印象を与えよう。決して現状で満足している様子を出さないように
- 「粘り強さ」や「努力できるところ」など、あまりに一般的なものでは、面接官が飽きてしまう。オリジナルな長所を述べたい

■こんな学生がいた

あまりに一般的な長所では寂しいし、面接官は感性《センス》を疑うだろう。

「努力できます！」
「好奇心が旺盛です！」
「思いやりがあります！」

だと、面接官は「いや、そんな通りいっぺんのことを言われても」と思うだろう。

チャンスなのだから、しっかりアピールできるものを伝えるべきだし、どうしてもその内容を伝えたいなら、表現を工夫するべきだ。

一般的な性質を言う場合は、それがどのレベルなのかまで伝えたい。

面接の質問

8

あなたの短所は何ですか。

質問の狙い

▼面接官はこの質問をした時に、すでにある程度頭の中に、きみの短所を予想している
その頭に描いた短所とのすり合わせをおこなっている

▼きみ自身が、自分のことをちゃんと分かっているか、自分の短所もちゃんと把握しているかを確認する

- 他の学生と比べて、何が劣っているのかを把握する
- 向上意欲、克服に対する意気込みも見ている
- 同時に自信の度合いもチェックする。ちゃんと短所を言えるか
- 話している内容よりも、話している時の雰囲気や様子、話し方から判断される
- この質問の後、多くの場合「克服するために何かやっていますか?」とくる

攻略のポイント

■短所は短所として、ごまかしたり、隠したりせずに、きちんと伝えよう。短所は隠そうとしても面接官にバレていると思っていい。無難な答えで逃げようとする学生はよく思われないものだ

■しかし、**どう表現するかは細心の注意を払って考えたい。表現によっては、その一言で面接官は採用する気持ちを失いかねない**

■「どんなことを話すと有効か、分かっているか」「どう話すとまずいか、分かっているか」によって、きみの賢さが判断される

■**具体的な克服アクションを言うことで、「現在、克服中であること」をきちんと伝えよう**

■「がんばりすぎるところです」「面倒見がよすぎるところです」と長所ともとれるような弱みを伝えようとする人がいるがおすすめしない。だが、**「人と話すのが苦手です」など、仕事をする上で決定的にまずいことは避ける**

■自分のダメなところを暴露する場ではない。「自分が克服しようとしている短所」を伝えて向上心を伝える場であることを意識しよう

■その短所ゆえに、うまくいかなかった経験を挙げられるように。失敗経験を通じて、短所を自覚できていることを伝えたい

■こんな学生がいた

「物事に一生懸命になり過ぎることです」

短所を長所の裏返しとして伝えるのはポピュラーなやり方だが、安易に使うと、「短所は言えないのかな」「自信がないのかな」と思われてしまうかもしれない。

もし本当に一生懸命になり過ぎることが短所だと思うなら、どうしてそれが短所なのか、一生懸命になり過ぎるとどうまずいのかを分析するといい。そこにもう少し具体的に説明できる短所があるはずだ。それを伝えればいい。

面接の質問

9

短所をどのように克服してきましたか。

質問の狙い

論理的思考力・課題解決能力・問題解決能力を見ている

- 自分の弱みとどのように向き合ってきたかを見ている
- 向上心・克服意欲を見ている
- どれほどの危機意識を持っているのかを確認する
- 本当に克服しつつあるのか、雰囲気で判断している
- 発想力・応用力もチェックされる時がある

攻略のポイント

■この質問では、ウソは通用しないと思っていい

■必ず自分の経験に基づき、自信を持って克服してきたこと（克服しようと努力していること）を話そう

■**その克服のためのアクションは的を射ているのか、本質をついているのか**をしっかりと確認すべきだ

■事前に友人や先輩に相談して、アクションの中身をしっかり考えてから行動に移そう

■自分の短所に限らず、普段から問題や課題に対して、どのように解決していくべきなのかを考えるクセをつけておこう

■その短所があるがゆえの失敗経験と、それを自覚した後に失敗を未然に防いだ経験を語れるようにしておくこと

■こんな学生がいた

物忘れという短所に対して、「忘れ物をしないよう、常に心がけています」。

これでは弱い。克服アクションは、心がけだけではなく、具体的な行動でも示したい。

例えば「物忘れをしないよう、ノートを持ち歩き、何かあればメモを取り、夜寝る前に、その日のメモを確認しています」と言えたならば、克服している度合いが違って聞こえる。

そもそもなぜ物忘れするのか、もう一段階、深掘りしたい。短所はそこにあるのではないか。

「短所は物忘れが激しいことです」などと言ってしまったら、その時点で面接官に採用意欲をなくされかねないので、表現には注意。

面接の質問

10

「これだけは人に負けない」というものは何ですか。

質問の狙い

本気の質問をぶつけることで、根性が据わっているか、将来のリーダーとしての可能性や適性を探っている

- きみの強みについて確認する質問
- きみが「他の学生と比べて、何に対して自信を持っているのか」をチェックしている
- 他の学生ではなく、きみを採用することで、どんなメリットがあるのかを探っている
- 話の内容よりも、話し方や話している時の雰囲気、話している時の様子をチェックしている
- 話の内容、話し方、雰囲気により、学生のスケールの大きさを見ている。他人との比較にどの程度興味がある人か。他人を蹴落とすニュアンスがどの程度ある人か、自分の優位性をどの程度熱心に語るかで小ささが分かる

攻略のポイント

■面接官からきみへの、本気の質問と心得る。十分な間をとり、真剣なまなざしで、落ち着いて答えよう
■きみの一番の強みを堂々と伝えよう。きみがずっと大切にしてきた価値観や信念を語るのもありだ
■他の学生と比べても負けない、きみならではのアピールポイントを伝えよう
■結果が出ているかどうかより、**心から自信を持って言えるかどうか**である
■決して偉そうにしゃべらない。背伸びしない。少し謙虚さを持って語る
■**他人を蹴落とすニュアンスは、ゼロ**でいく。**自分を必死にアピールしない**
■会社がどの程度のスケールの人物を求めているかによってニュアンスに微調整も必要
■必ず具体例を出そう。そしてその具体例でうならせろ

■気をつけよう

これも大きなチャンスだ！

自分の最大の強みを大いに語れ。ただし、くれぐれも謙虚さを忘れずに。

自信があればあるほど、謙虚に。間をあけて、ゆっくりと、少しトーンを下げて、落ち着いて一言で答えよ。答えている時の表情やまなざしで伝えよ。

面接の質問

11 身近な人に、どんな人だと言われますか。

質問の狙い

身近な人からの印象を知ることで、「本来のきみはどんな人なのか」を把握しようとしている

- 面接官がそこまでの面接で「本来のきみが見えない」と思ったり、「何か不安な要素」を感じたりしている
- 周りの人にどんな影響を与える人かをチェックしている
- 周りの人からどう評価されているのかをチェックしている
- きみの意外な一面を知りたがっている

攻略のポイント

- 自分が身近な人にどんな印象を与えているかを把握し、この質問をされたら何を答えるかを決めておこう
- 「なんでそう言われると思う?」という質問の答えも準備しておくべきだ
- きみが**人とつき合う中で最も大切にしている価値観を伝え**て、コアを面接官に伝えよう
- 面接官はきみが「準備してきたこと」ばかりを話しているため、本来のきみが見えなくなっている可能性がある。その時点で、面接官に伝えきれていない自分の魅力を伝えよう
- ここまでで面接官を不安に思わせているきみの印象を推測し、それを覆す内容を伝えよう
- 受けている企業で求められる資質・人間性を理解した上で、伝えきれていないきみの一面を伝えることができればなおいいだろう

■こんな学生がいた

身近な人といる時こそ、きみの素が出る。面接官はそれを知りたがっている。

「見た目」や「話し方」でネガティブな印象を与えている学生にはチャンス。「暗そうだ」と思われている学生が「ムードメーカーと言われます。最初は暗そうに思われがちなのですが、会議や飲み会では、常に笑いを起こして全体の雰囲気づくりに努めているからだと思います」などと話すと、面接官の印象を覆せる場合がある。

きみのコアや、伝えきれていない魅力を伝えるチャンスだ。リラックスしてありのままの自分の魅力を伝えよう。

面接の質問

12

苦手な人はいますか。

質問の狙い

多様性を受け入れる能力、人としての懐の深さを見ている

- 自分と違う価値観や考え方の人と、協力する力があるかを見ている
- 好き嫌いなく人間関係を広げられるかを見ている
- 希望する職種への適性を見ている
- 大企業、特にグローバル企業で求められる多様性を受け入れる力があるかを確認している

攻略のポイント

■どんな人でも苦手な人はいるもの。「なぜ苦手なのか」を自分の大切にしている価値観と共に説明できるようにしておきたい。単なる人物批判にならないように

■一方で、「苦手だから、その人を避けてきました」では寂しい。多様な人と力を合わせるのが仕事だ。**苦手ながらも、その人とどのように人間関係を築いてきたか**を語れるようにしておきたい

■「価値観の違う人とチームを組んだことがありますか？」や「考え方の違う人とチーム内で衝突した時はどうしますか？」という質問も基本的に聞きたいことは同じだ

日本企業の海外進出が加速する中で、職場の同僚や上司、仕事相手が日本人以外というケースが増えてきた。文化や宗教、商習慣が違う人たちとビジネスをしていくのだから**多様性を受け入れる能力**が、今まで以上に求められる。人の好き嫌いがある人は、これからの社会を生きていく上で「必要な能力がない」と判断される。近年この手の質問は増えている。

学生時代に、留学生との交流や留学の中でリーダーシップを経験するなど多様性の中に自分から飛び込むことを強くおすすめする。

過去の経験に
関する質問

面接の質問

13 あなたが今までに一番うれしかったことは何ですか。

質問の狙い

「きみはどんなことに喜びを感じる人なのか」を確認する

- きみのコアを確認する
- きみが一生懸命だったこと、最大の達成感を感じたことを聞いている
- 当然、「どんなことを話すと有効なのか」を分かっている〝賢さ〟があるかも見ている
- きみが何のためならがんばれる人なのかを確認している

攻略のポイント

■今まで、どんな人生だったのかを匂わせるように語ろう
■「人に何かを与える」「人に何かを差し出す」ことに喜びを感じる人なのか、「人から何かをもらう」ことの喜びしか知らない人なのか、我究（自己分析）の成果を発揮せよ
■なぜそれをうれしいと感じたのかも、分かりやすく伝えよう
■「一人の力で成し遂げられるものなどない」ことに気づいているか
■個人の成果でうれしかったこと以外にも、チームで何かを成し遂げた経験があれば準備したい
■面接官も思わず微笑んでしまうようなエピソードをぶつけてやれ
■**価値観が問われているので、きみのコアとどのようにつながるのかも考えたい**

まさに自己分析の成果が試される時だ。

きみはどんなことに喜びを感じるのか。

きみのHAPPYの源は何なのか。

きみの思いのたけを存分に語るがいい。

■気をつけよう

話したいことは山ほどあるだろうが、そういう時こそ、相手にとって心地よいコミュニケーションを心がける。すなわち、「一言で言うと何なのか」をポンと述べ、間合いをとりながら、説明を加える。

30秒で話せるように徹底して準備しよう！

面接の質問

14

あなたが今までに一番つらかったことは何ですか。

質問の狙い

これもきみのコア、価値観を問う質問

■きみは今まで、どの程度つらいことを経験してきたのかを聞いている
■きみは「どれくらいのことをつらいと感じる人なのか」を確認する
■つらいこと、大変なこと、しんどいことに耐えられる人かをチェックしている
■それをどう乗り越えてきたのかについてもチェックされる
■その経験がその後にどう活きているかについてもチェックされる
■「どんなことを話すと有効なのか」を分かっているかどうかで、賢さを判断する

攻略のポイント

■誰だってつらい経験をしているものだ。卑屈になる必要はまったくない。自分は何につらさや悲しみを覚えるのか、自分の価値観を踏まえて暗くならないように語ろう

■**現象を答えるのではなく、なぜそれがつらかったのかもセットで答える。**現象だけでは薄っぺらい人物の印象を与える

■**その経験をどのように乗り越えた（乗り越えようとしている）のかを語れるように。**つらい時に逃げない自分であることを伝えよう。ここに人の本質が表れる。採用担当者が最も注目するポイントだ

■また、その経験から「何を学び」、「今にどう活きているのか」が語れるとベストだ

■いじめられた経験、親からの虐待話はやめておいたほうがよい

■どんな話も、お涙ちょうだい調で話してはダメだ。エモーショナルになり過ぎないように

■被害者意識を微塵《みじん》も感じられないように。他者を批判するような発言は控えよう

■気をつけよう

短所や挫折経験、失敗したことなど、ネガティブなことを聞かれると、今はすっかり克服しているかのように答えようとしがち。しかしその必要はない。今も、これからも、克服していこうとしている姿勢があればいいのだ。面接官は、口先の言葉で判断しない。克服しようという決意があるのか、きみの答え方で判断する。

■こんな学生がいた

「大学受験で第一志望校に落ちたことです」

本当にこれが、きみの人生の中で最もつらかった出来事なのだろうか。

ただ現象を伝えても、それだけでは薄っぺらい人物だという印象を与える。一時的な感情ではなく、自分の人生全体の価値観から語りたい。

面接の質問

15

あなたが今までに一番一生懸命だったことは何ですか。

質問の狙い

「きみはどのような時に一生懸命になれる人なのか」を確認する

- きみの一生懸命だったこと・最大の達成感を感じたことを聞いている
- きみのコア、価値観も問われている
- 「どんなことを話すと有効なのか」を分かっているかどうかで、賢さを判断する

攻略のポイント

■人によっては本当に「一番」一生懸命だったことを言わなくてもいい。「有効なこと」を話そう。「有効なこと」とは、その経験から伝わる能力や価値観が志望企業で求められているものと一致すると感じさせる内容のことだ

■あまり誇張しないこと。大げさに言うよりも、むしろ真実をそのまま話したほうが伝わる

■**それをやる上で、どんな困難があったのか。そしてどのようにして乗り越えてきたのかもアピールしたい。**そしてそこから何を得たのか、何を学んだのかも伝えよう

■自分なりにどんな工夫をしたのか、ちゃんと伝えよう

■価値観が問われているので、「きみのコアとどのようにつながるのか」も考えておこう

■必ず突っ込みの質問がくる。どんな質問がくるか、複数想定しておくべきだ

■コロナ禍でこの質問に悩む学生は多いが、しっかり準備する

■こんな学生がいた

「就職活動仲間と途上国支援の団体を立ち上げ、オンラインでドキュメンタリー上映会をした。人脈構築しながら50名集客した」

この状況下でもチャレンジしている学生はいる。

■気をつけよう

「今までで一番～」と聞かれているのだから、それなりの重みのものを答えよう。

あまり狙い過ぎて、「本当にそれが一番なの？」とならないように！

過去の話に、どの程度感情を込めるのかによって、ニュアンスはまるで変わってくる。

きみのキャラや、それまでの面接で与えた印象から、淡々とクールに話すべきか、それとも感情を込めて話すべきかを、瞬時に判断せよ！

面接の質問

16

あなたの挫折経験を教えてください。

質問の狙い

きみが「どの程度のことを挫折と感じるのか」を探っている

- きみが「どんなことをしてきたのか」を確認する
- きみがその挫折と、ちゃんと向き合えているのか、乗り越え「何を学んだのか」をチェックしている
- その経験がその後にどう活きているかも、チェックしている
- きみの人間としてのタフさ、精神的な強さも探っている
- 仕事上でもきっと経験するであろう挫折。それをどう乗り越えるのかを探っている
- 「何を話すと有効なのか」を分かっているかどうかで、賢さを判断する

攻略のポイント

■事前に自分の挫折経験をまとめて、その中で一番大きな挫折は何だったのか、ちゃんと乗り越えている挫折は何だったのかを整理しておくこと

■どうして挫折してしまったのか、挫折した理由も伝えよう

■その挫折を**どのようにして乗り越えたのか、あるいはどう活かしたのかを語れ**

■**その挫折から何を得たのか、どんな学びがあったのか**をしっかりとアピールすること

■これから起こりうる挫折に、どのように対処するのかを意識して答える

■必ず突っ込みの質問がくる。「その経験をどう活かしてきましたか?」など。どんな質問にどう答えるのか、想定しておくべきだ

■挫折や失敗をした時にこそ、人の本質が出る。きみがどんな苦しい経験も成長につなげることができる人物であることを伝えよう

ただ挫折経験を述べるだけでなく、その挫折をどう乗り越え何を学んだかを語る。

入社後に経験するであろう挫折とどう向き合い、どう乗り越えそうかを面接官にイメージさせる。

■こんな学生がいた

「ゼミ長をクビになったことです。みんなのためによかれと思って、自分なりに一生懸命やっていたつもりでした。でもゼミ生の本当の望みからズレていたようで孤立してしまいました。私はゼミ生一人ひとりと本音で語り合い、本当に何が必要なのかを考えるようにしました。今ではゼミ生みんなと楽しく議論できるようになっています」

なるほど。挫折を自ら乗り越えていることがよく分かる。

この経験から何を学んだのか、その後にリーダー経験はあるのかをつい聞きたくなる。

面接の質問

17 学生時代に最も力を入れたこと・最も努力したことは何ですか。

質問の狙い

どのようながんばりをしたのかで、分析力や問題解決力を探る

- きみの学生生活で、最も注力したこと・最大の達成感を感じたことを聞いている
- きみがどの程度根気があるのかを見ている
- きみは「どんなことに一生懸命になれる人なのか」を確認する
- きみの価値観も問われている
- きみの影響力の大きさも確認する
- 「どんなことを話すと有効なのか」を分かっているかどうかで、賢さを判断する

攻略のポイント

- 面接の最初に聞かれる、最も重要な質問だ
- きみがそれまでに必死に努力したことと、どんなふうに努力したのかを語ろう
- 本当に努力したかどうかは、話している顔を見ればわかる。大げさに言うよりむしろ真実をそのまま伝えたほうが伝わる
- そこから何を得たのか・何を学んだのかも伝えよう。そして学んだことがその後にどのように活きているかも説明できるようにしておこう
- それをやる上で、自分なりにどんな工夫をしたのか、どんな困難があったのか。そしてどのようにして乗り越えてきたのかもアピールしたい
- 価値観が問われているので、きみのコアとどのようにつながるのかも考えておこう
- 面接官としては、外見から伝わるもの以外に、何か意外なことはないかと期待している
- 必ず突っ込みの質問がくる。どんな質問がくるか、想定しておこう

面接の質問15と似ているが、ポイントは「学生時代に」ということだ。

したがって学生時代にやったことの中から語る必要がある。基本的には大学もしくは大学院での話をしよう。

小学校も中学校も学生時代だが、あまりに古いと、「それ以降は特にがんばっていなかったの？」となるので気をつけよう。

■ 気をつけよう

履歴書やそれまでの質問で分かりきっていることを、そのまま答えるのではつまらない。面接官を退屈させてしまう。より詳しい話や、思いがけない努力のポイントなど、新たな発見がある話を伝えたい。

面接の質問

18

学生時代、最も思い出に残ったことは何ですか。

質問の狙い

きみが「どんなことに心を震わせるのか」を把握する

- きみが「今までどんなことをやってきたのか」もチェックされる
- きみは「物事に対し、どのように関わっていく人なのか」も確認される
- きみのコア・価値観も見られている

攻略のポイント

- 最も思い出に残った「能動的」な経験を端的に述べる
- たまたま経験した「受動的」なことではきみの人柄が伝わらない
- その上で、**なぜそれが思い出に残ったのか**を伝える。それにより自分のコアや価値観を伝えていく
- **きみの心が震えるポイント**を面接官に伝えよ
- 心を込めて、気持ちを込めて話をすることで、面接官にもその思い出をリアルに感じてもらおう

どんな質問でもそうだが、面接で一番伝わるのは、本音である。本音こそ最も相手の心に届くのだ。

たいして感動もしていなかったり、思い出になっていなかったりすれば、どんな話をしても無駄だ。

本当に思い出に残った話をしよう。本当に心震えた経験を語ろう。

もし、そういう経験がなければ、今からでもしよう。

決して遅くはない。まだ間に合う！

ごく最近の話でも問題はない。

面接の質問

19

なぜ、今の学部を選んだのですか。

質問の狙い

その学部を選んだ動機から、きみの価値観とその一貫性を見ている
また、そこから人物の深さや浅さが分かる

- 高校生までのきみが大切にしてきた価値観を見ている
- その動機と大学生活の送り方の一貫性を見ている
- その動機と就職活動の一貫性を見ている
- 勉強に対する姿勢を見ようとしている
- 人生の分岐点で何をどのように考える人なのかを見ている

攻略のポイント

■なぜ今のコアを持ったのかを、**高校時代以前の体験や育った環境を理由に語れるようにしておこう**

■なぜその学部を選んだのかを、大学で力を入れて勉強したことと、高校時代以前からの思いに、一貫性を持って説明できるようにしておこう

■学外の活動なども、その思いと一貫性がある可能性が高い。我究（自己分析）して語れるようにしておこう

■「なぜ御社を志望するのか」を、この理由と一貫性を持って説明できるようにしておこう

■理系学部生の文系就職は、「大学院に進まないのはなぜですか」や「学部での研究が活かしづらい仕事になるけれどいいですか」と聞かれることが多い。コアに関連づけてしっかり説明ができるようにしたい

■面接官になじみのない新設学部に所属している人は要注意だ。その学部を選んだ理由、学生生活の送り方、その企業で実現したいことを、一貫性を持って語れるように準備しておこう

■文学部や教育学部のように、ビジネスからテーマが遠く感じられがちな学部の学生は、「ビジネス」に関わっていきたい理由を説明できるようにしたい

学部を選んだ動機と、実際に大学生活で学んだことや課外活動が一貫性を持たない人もいるだろう。

だとしても、大丈夫。

入学前に思っていたことと、入学してから思ったことが変わっても不思議ではない。

きみが大学生活で何を感じ、その結果、なぜ当初の予定とは違うサークルやバイトなど他のことに力を入れたのかを論理的に説明できるようにしておこう。

面接の質問

20 どんな勉強をしてきましたか。

質問の狙い

なぜその勉強に取り組んだのか、目的（動機）や価値観もチェックしている
コアやビジョンに直結しているほど、人間の深さを感じる

- どうしてそれを専攻したのか、社会をどう見ているのか、どんな問題意識を持っていて、それが自社と合っているかを探ろうとしている
- 主体性を見ている。自分のコアに通じる、社会への問題意識を持って勉強してきたのか、それとも受動的にやってきたのか
- その勉強から何を学び、何を得てきたのかも把握される
- 勉強に対する姿勢についても見られている
- その勉強で学んだことが、仕事にどう活かせると考えているのか。そのことで、分析力・応用力・頭の柔軟性を見ている
- 勉強について聞くことで、「好きなことだけやるタイプ」か「やらねばならないこともがんばれるタイプ」かを見ている

攻略のポイント

■コアに通じる、社会に対する問題意識から主体的に取り組んだ勉強や研究を述べよう

■研究は、現在進行形でも主にこれからでもかまわない

■どうしてその勉強に力を入れたのか、**その勉強を選んだ動機もコアやビジョンに関連させて伝えたい**

■その勉強のおもしろさは何なのか。その勉強をしっかりとやった者としての意見を語ろう。その際**一般論にならないように。あくまでも自分の意見を語ろう**

■その勉強で学んだこと・得たことが、今後どう活きるのかを必ず語りたい

■決して背伸びはしないこと。突っ込まれればすぐにボロが出てしまう

■発想力・提案力を発揮するような部分はあるだろうか

■必ず突っ込みの質問がくる。自分の答えにどんな質問がくるか、想定しておく

■ビジネススキルとかけ離れた内容を勉強してきた人は要注意だ。文学部や教育学部の人は、なぜビジネスの世界で勝負したいのかを補足説明できるようにしておきたい

近年、大学の成績を聞く企業が激増している。(成績の)Aの数などから、きみの真面目さや勤勉さを見ている。成績が悪い場合は、なぜ学業に時間が割けなかったのかを自分なりに説明できるようにしておくこと。

■こんな学生がいた

「多様性について、社会学的な観点で学びました。私は摂食障害を過去に患いました。また、同じ女性でもそれぞれの立場で見え方やとらえ方が異なり、それぞれがその異なる点を理解することの難しさと重要性を学びました。この学びを、教育現場で活かしたいです。具体的には、立場によってとらえ方が異なるということを理解してもらい、さまざまな人がお互いの違いを受け入れ共生できる社会創りに貢献したいです」

学びと経験、将来のやりたいことを関連して語れていて、素晴らしい!

面接の質問

21

あなたのサークルは、どんな活動をするサークルなのですか。

質問の狙い

そのサークル活動で、何を学び、何を得てきたのかをチェックしている

- 純粋に、きみがどんなサークルで、どんな経験をしてきたのかを知る
- きみの経験の幅や経験の種類もチェックされる
- サークル活動におけるきみの役割や、そのサークル活動への関わり方についても見られる
- きみの影響力の大きさについても見られる

攻略のポイント

■サークル活動の内容について、初めて聞く人にも分かるように伝えよう（珍しいスポーツなど、一般の人が知らない場合は注意）。「似たような他のサークルとどう違うのか」も言えるように

■多くの場合、この後に「なぜそのサークルをやろうと思ったのか」と聞かれるので、ちゃんと考えておこう

■サークル活動の話をすることで、経験の幅、人間としての幅を伝えよう

■そのサークル活動では、きみはどんな役割を担っていたのか。別に役職がどうのこうのという話ではなく、チームの中で、自分はどんな役割を担い、どんな貢献ができるのかをちゃんとアピールしよう

■そのサークル活動で学んだこと、得たことをアピールしよう

■必ず突っ込みの質問がくる。自分の答えにどんな質問がくるか、想定しておく

■ただのサークル紹介にならないように。きみがそのサークルを選んだ理由やきみがそのサークルにどのように関わったかを伝えよう

■「こんなにすごいことをしてました！」と言わんばかりに過大に語るのは、やめておこう。かえって説得力がなくなる。あくまで等身大で伝えることを心がけよう

サークルに入っていない人も中にはいるだろう。そういう人は、「チームプレー」の経験を語ろう。面接官は、きみが「どんなチーム」で「どんな役割」を果たしてきたのかを知りたがっている。サークルでなくても面接官の知りたいことは伝えられる。

■こんな学生がいた

「吹奏楽のサークルに所属していました。年2回の定演と学園祭での発表会のため週3回の練習をこなしつつも、あいている日にはパート練もやっていました」

「定演」とか「パート練」とか、初めて聞く人には分かりにくくないだろうか。

「定期演奏会」「パート別練習」など吹奏楽のことを知らない人にも分かるように話そう。

面接の質問

22 サークル（ゼミ・部活）ではどのような役割でしたか。

質問の狙い

きみが周りに、「どんな影響力」を「どれくらいの範囲」で与える人なのかを見ている

- 純粋に、きみが集団の中でどんな役割を果たそうとするのかをチェックしている
- きみが集団の中でどんな役割を期待されているのかを確認している
- **きみが影響を与えることのできる「範囲の大きさ」を見ている**
- きみの強みや価値観をチェックしている

攻略のポイント

■ きみが、志望企業に入社した時に活躍できるかどうかを、学生時代の活躍を通して想像しようとしている質問だ

■ 面接官は、「代表」や「幹事」だったという**「役職」のことを聞きたいのではない**。役職者だけが組織に影響を与えるわけではない

■ きみが組織に与える影響力の強さや、範囲の大きさを確認している。より具体的に語れるように、自分の大学生活の棚卸しをしよう

■ この時に、影響を与える人数や範囲が多いほど活躍の予感がする。それ以外にも、巻き込んだ人の年齢の幅や国籍の幅など、なるべく大きな影響範囲の切り口がないかを思い出してみよう

■ 同時に、**その役割の中で、難しかったことや挫折をしたことを語れるようにしておこう**。聞かれる可能性が高い

■ そして、それをどのように乗り越えて、そこから何を学んだかを語れるようにすることも押さえておきたい

■ きみがその役割を期待される理由や、きみ自身が、その役割を得意とする理由をコアや強みと関連づけて語れるようにしておくとよい

■こんな学生がいた

「約100名のメンバー全員から参加したいと思われるサークルにするよう注力しました。ニーズに合わせて、会議や原稿チェックシステムを発案しました。メンバーに合わせて、発信する言葉や資料の一つずつを考えました。その結果、アンケートでは全員から、活動に魅力を感じると回答をもらいました」

具体的なアクションと結果を述べていて、この経験から仕事における成果が期待できる。

「チームを引っ張っていくリーダー」経験のみがアピールになると思っている人が多いが、そんなことはない。リーダー以外にも、「組織の問題点を改善する人」「人間関係を良好に維持する人」「組織の拡大に貢献する人」「組織の制度を整える人」なども十分、活躍を予感させることができる。

面接の質問

23

サークル活動で一番困難だったことは何ですか。

質問の狙い

困難なことをどのように乗り越えてきたのか、分析力や発想力、忍耐力をチェックしている

- その困難は、どの程度の困難なのかをチェックしている
- 人や企画をまとめる力は、どれくらいあるのかを探っている
- そのサークル活動で何を学び、何を得てきたのかも見られる
- 「どんなことを話すと有効なのか」を分かっているかどうかで、賢さを判断する

攻略のポイント

■そのサークルにおける一番の困難は何だったのか、ちゃんと考えておくこと。そしてそれは、どの程度の困難であったのかも考えよう
■**その困難を乗り越えるために、どんなことをやったのか**を絶対にアピールしよう
■そのサークル活動で学んだこと、得たことをしっかり伝えよう
■同じジャンルのサークルをしている他の人と同じようなことを話すことにならないか。できるだけ自分ならではの切り口で話そう
■コロナ禍でも「自主練を続け、自粛期間後にレギュラーになった」など、やれることはある。挑戦できることがないか探そう
■くれぐれもきいれいごとにならないようにしよう
■説得力とリアリティをもたせるために、具体例を盛り込もう
■サークルについては、多くの学生が話をするため、面接官は退屈しがち
■どの視点から語れば、面接官に新鮮な印象を与えられるのかを意識しよう

■こんな学生がいた

「テニスサークルの活動で最も困難だったことは、メンバー間でサークルの活動に対するモチベーションに差があったことです。そこで私は一人ひとりに『サークルに期待することは何か』をヒアリングし、それぞれのニーズにあった活動内容ができるようサークルを変えていきました」

がんばったのは伝わるが、とてもよくある話だ。違う切り口を再考したい。

メンバー間のモチベーションの差は、サークルだけでなく、部活やゼミ、アルバイトでも起こる。解決策も「一人ひとりからヒアリング」になることが多い。これでは、他者との差別化ポイントがわからなくなる。他に解決に向けて取り組んだことはなかったか考えてみよう。

面接の質問

24

ゼミでは、どんなことを勉強しているのですか。

質問の狙い

なぜその勉強に取り組んだのか、動機もチェックしている
目的・動機から、その学生の深さ、浅さがわかる

■純粋に、きみがゼミにおいて、どんな勉強をしてきたのかを把握する
■社会に対してどんな問題意識を持っているかを把握する
■きみのコアと研究はどう関係しているのか
■ゼミ活動から何を学び、何を得ているのかも把握される
■ゼミ活動に対する姿勢についても見られる
■ゼミ活動におけるきみの役割、きみの関わり方についても見られる

ゼミに入っていない人ややめた人、事実上何もしていない人は、ゼミに代わるものを探そう。ゼミ以外で、自ら主体的に勉強しようじゃないか。

■こんな学生がいた

「マーケティング、特に気候や時間帯の変化による消費行動の違いについて、力を入れて学んでいます。実家の酒屋では、季節や気温の変化で、商品の陳列を変えていました。それがきっかけで、この分野に力を入れております」

まずまずだ。勉強の取り組みとその動機をしっかり述べている。学んだことやおもしろさについて、きみならではの視点で語るとなおよい。ただし、長くならないように。「もう少しよろしいですか？」などの言葉を入れつつ語りたい。実家の酒屋は誰が継ぐのか？　数年で退職しそうで心配。

攻略のポイント

■ゼミにおいて、自分が最も力を入れた勉強を伝えよう

■**どうしてその勉強に力を入れたのか、そのゼミを選んだ動機も、社会の動きやコアやビジョンに関連づけて伝えたい**

■その勉強のおもしろさは何なのか。その勉強をしっかりとやった者としての意見をくれぐれも一般論にならないように語れ

■そのゼミで学んだこと・得たことが、今後どう活きるのかを必ず語りたい

■きみがゼミに込めた思いはどんなものだったのか、ちゃんと伝えよう

■ただ輪読したり本の内容をまとめたりするだけでなく発想力を活かして提案・提言することもやっているゼミであることを伝えたい

■ゼミではどんな関わり方をしていたのか。みんなを引っ張るリーダー的役割なのか、それとも冷静に状況を判断して、みんなの動きに合わせて、必要なことをやっていく立場だったのか、など自分なりの関わり方を把握し、アピールしよう

■決して背伸びはしないこと。突っ込まれればすぐにボロが出てしまう

■勉強分野に関して、時事問題と絡めて必ず突っ込みの質問がくる。どんな質問がくるか、それにどう答えるか想定しておこう

面接の質問

25

卒業論文のテーマは何ですか。

質問の狙い

研究テーマを選んだ理由により、その人物の興味関心、価値観が分かる

- 卒業論文ではどういう目的意識を持って何を取り上げる予定なのかを知る
- 社会にどんな問題意識を持っているのか、人生に対する主体性を感じたい
- 今後の勉強計画について確認している
- きみの勉強への姿勢をチェックしている
- 勉強に関する興味の深さ、好奇心の強さを見ている

卒業論文のテーマが決まっていない人も多いだろう。

だからといって「未定です」だけでは、少し寂しい。

「まだ正式には決まっていないのですが、現在○○について研究しており、○○の○○に関心があります。今後は、○○の○○における○○について○○というテーマで卒業論文を書きたいと思っています」

という感じで、これからの展望を述べたい。

攻略のポイント

- 卒業論文のテーマを分かりやすく答えよう。初めて聞く人にも分かるように、あまり専門的な言葉を使わず説明しよう。面接官に理解されて初めて意味があるのだ
- **「なぜそのテーマを選んだのか」については、社会に対する問題意識、および今までやってきた勉強内容とのつながり、コアやビジョンとの関係を述べること**
- その研究は、どんな意味（価値）があるのか、語れるように
- その論文は何が売りなのかも必ずアピールする
- 今後の展望についても軽く触れられるとなおよい
- 研究分野に関しては時事問題と絡めて必ず突っ込みの質問がくる。どんな質問がくるか、それにどう答えるか想定しておく

面接の質問

26

どんなアルバイトをしましたか。そこから何を学びましたか。

質問の狙い

物事に取り組む動機や姿勢、特にきみの主体性を見ている

- 今までどんな経験を積んできたのか。経験の幅、人間としての幅をチェックしている
- アルバイト経験から何を学んできたのかを探っている
- なぜそのアルバイトを選んだのか、目的や理由を尋ねることで、その人物の深さ、浅さがわかる
- きみの社会人としての意識・マインドもチェックされる
- 人間関係の築き方も見られている
- 「どんなことを話すと有効なのか」を分かっているかどうかで、賢さを判断する

攻略のポイント

■アルバイトではあるが、それを通じて、きみの「仕事への取り組み姿勢」をアピールしよう

■アルバイト中に心がけていたこと、自分なりに工夫したこと、**アルバイトに込めた思いは必ずアピール**しよう

■社員や会社に対して、どんな提案をおこなったのか、**周囲に対してどんな影響を与えたのか**をぜひ語りたい

■具体的に**どんな困難を乗り越えたのか、どんな問題を解決したのか**についても、ぜひ語りたい

■アルバイトを通じて、何を学んだのかを述べるだけでなく、**それが今後にどう活かされるのか**まで話すと、非常に効果的だ

■周囲（社員や他のアルバイト、お客様）とどんな関係を築き上げたのか、自分なりにまとめておこう

■自分のアルバイト経験で工夫したことや、責任を持ってやり遂げたことなどを大いに語ろう

■ただし、決して偉そうにならないこと。あくまで謙虚に

■こんな学生がいた

（テレビ局志望者で）

「私はテレビ局のＡＤのアルバイトをしたことがあります。その経験を通して、スタッフの番組制作へかける情熱と一つひとつの作業へのこだわりを感じてきました。ここで学んだプロ意識は、今後のテレビ局の仕事でも大いに役立つと感じています」

悪くはないが、経験の幅、人間としての幅を感じさせたい。テレビ局志望者がテレビ局のアルバイトでは、視野の狭さを感じる。

せっかくのアルバイト経験だ。もっといろんな経験をして、視野を広く持っておきたい。自分なりに気づいたこと（問題意識を持ったこと）や提案したことなどもあわせて述べたい。

面接の質問

27

趣味について詳しく教えてください。

質問の狙い

興味・関心の幅はどれぐらいあるのかを見ている

- 趣味にこそ、その人間の素が表れる。本来のきみはどんな人なのかを把握しようとしている
- 好きなものへの執着の度合いをチェックしている
- どんな経験をしてきているのかをチェックしている
- きみの地の部分（意外な一面）を知ろうとしている

攻略のポイント

- 気張ることなく、リラックスして、普段どおり答えよう
- なぜその趣味を持ったのかも伝えたい
- どれだけのめり込める人なのかをアピールしたい
- **その趣味にのめり込んだからこそ分かるおもしろみを、大いに語れ**
- そして面接官もそれを趣味にしたくなるほどに楽しませよう
- 趣味の話をすることで、**人間としての幅、経験の幅**をアピールせよ
- さらには**興味・関心の幅**も示そう
- コアにつなげて語ると、非常に効果的である
- 基本的には意外な一面を見せるつもりでユニークなものを

■こんな学生がいた

ありきたりな趣味でも伝え方を工夫しよう。

・自宅での筋トレ（体重の増減など、結果を数字で示せるとよい）
・散歩（つらいときに、メンタルを良好に保つ工夫）
・写真（インスタグラムで発信を続け、企業案件を獲得）
・美術館巡り（アート作品をオンライン面接のプロフィール画像にして、さりげなく話の種に）

「私の趣味は、花火を見ることです。好きがこうじて花火鑑賞士の資格を取得しました。花火が見えるのはほんの一瞬ですが、その一瞬にそれまでの多くの苦労や努力が込められているのが魅力なんです」

なかなかおもしろいね。コアにつなげているところもいい！

面接の質問

28

あなたの特技は何ですか。

質問の狙い

「本来のきみはどんな人なのか」を把握しようとしている

何が得意なのかを知ることで、

- きみらしさを知ろうとしている
- 特技はどのレベルなのかをチェックしている
- どんな経験をしてきているのかを見ている
- 興味・関心の幅はどれぐらいあるのかを見ている
- 物事に対して、どこまで一生懸命になれるかを測っている

攻略のポイント

- 気張ることなく、リラックスして、普段どおり答えよう
- なぜその特技を持ったのかも伝えたい
- どれだけのめり込んだのか、どのレベルにまでなったのかをアピールしたい
- **それがきみの特技だからこそ分かるおもしろみを、大いに語れ**
- そして面接官もそれを特技にしたくなるほどに楽しませよう
- その特技を持っていてよかったことを、エピソードを交えて語りたい
- 特技の話をすることで、**人間としての幅**、**経験の幅**をアピールせよ
- さらには**興味・関心の幅**も示そう
- コアにつなげて語ると、非常に効果的である

基本的には、趣味の質問と同様だ。ぜひ、趣味・特技で自分自身の人間性と人間としての幅、そして本気度を示そう。

なお、特技である以上、その場でやってみてくれと言われても、ちゃんとできるようにしておこう。

たまに、「**特技は韓国語です!**」と言いながら、

「じゃあ、しゃべってみて」

と言われると、

「**今はできません……**」

と言う、笑えない状況に陥る学生がいるので、気をつけるように!

起こりうることを想定して準備する力はこれからさらに必要とされる。

面接の質問

29

なぜ、この資格を取ろうと思ったのですか。

質問の狙い

きみのこだわりやチャレンジについて確認している

- きみの資格に対する意識を問うている
- 資格の中身から興味や関心といった価値観を見ている
- 資格の難易度を通して、きみのプロ意識を見ている

攻略のポイント

- ちょっと変わった資格を持っている場合に、必ず聞かれる質問
- きみのこだわりを伝えることで、きみらしさをアピールしよう
- **暗に価値観やコアを伝えることで、さらに効果的な**アピールとなる
- 笑いをとってももちろんOKだが、笑いだけではもったいない。笑いをとったら、すかさずまじめな顔で、自分のコアに基づくこだわりや信念を述べよ
- 「日商簿記検定1級」「TOEIC®900点」など、難易度の高い資格を持っている人はチャンスだ。価値観やコアを伝えるのと同時に、きみの「やるとなったら徹底するプロ意識」を面接官にアピールしよう

■こんな学生がいた

「潜水士の資格を取ったのは、大好きなスキューバダイビングの魅力を、多くの人に伝えようと思ったからです。そのために、まず海や水のことについてより深く知りたくて取得しました」

なかなかいいね。ちゃんとこだわりを伝えている。

どんな資格も、義務感ではなく能動的な気持ちから取得したことをポジティブに伝えよう。「〜に必要だと言われたから」では、主体性に欠ける印象を与えてしまう。

面接の質問

30

英語はどの程度できますか。

質問の狙い

仕事をする準備ができている人か
必要なことを、自分から身につけていける人かを探っている

- 仕事をする気持ちが本当にあるのかどうかを問うている
- 時代に追いついている人かどうかを見ている
- ある事実に対して、きみは過大評価する人なのか、過小評価する人なのかが見られている
- 語学に対する意識の強さもチェックされる

攻略のポイント

■ **正直に答えるべきだ。**後でスコアレポートの提出を課す会社もある。ウソは通用しない会社も少なくない

■ スコアや資格を持っていれば、それを言う。もしなければ、「大量の英語論文を読みこなせる程度の英語力」などのように、英語を使って何ができるのかを伝えよう

■ 自信があればあるほど、謙虚に話したい

■ **「できません」「苦手です」は完全にNG。**今の時代、英語はできて当然。できなければほとんどの業界で明らかに不利である

■ 自信がない場合は勉強中である旨を答えよう

今の時代、TOEIC®テスト700点では、得意とは言えない。

860点以上で「まあまあできるほう」だと思ってほしい。

900点以上なら、プロ意識のある人物だと思ってくれる。

面接の質問

31

体力に自信はありますか。

質問の狙い

タフな仕事に耐えうる体力を備えているか、我慢強いか、根性はあるかが見られる

- 純粋に、きみの体力を知ろうとしている

攻略のポイント

■正直言って「体力はないほうです」ではマズイ。今すぐ体力をつけるべし

■「3日間徹夜したことがあります」というような、**一時的に、短期集中的にがんばれるというアピールでは、ちょっと弱い。**スポーツなどの**継続的な体力をアピール**したい

■**体力・精神力・気力・根性も立派な能力**と心得よう

■どこの会社でも、仕事をする上で、まず必要になってくるのが体力である。あまりに基本的要素すぎるので、「ない」と言うのは問題外となってしまう

■スポーツによってしか学べないことは多い。絆、努力の大切さ、粘り強さ、限界へ挑戦する姿勢など

■スポーツ経験のない人も、今からでも、手軽なものでかまわないので、スポーツをやろう！　ランニング、サイクリング、トレッキングなど、準備がそれほど大変でないものもある

■できれば過去にやっていただけでなく、現在も日常的にスポーツに取り組むことをすすめたい。スポーツをしている人が持つハツラツとした雰囲気やオーラはやはり面接で有利になる

■こんな学生がいた

「私は体力がなさそうに思われますが、こう見えても、教員免許、ゼミ、サークル、牛丼屋でのアルバイトをすべて全力でやってきました。睡眠時間が4時間を切る日も多かったのですが、3年間やり遂げましたので、体力には自信があります」

素晴らしい。このようにスポーツでなくても、体力のアピールはできる。長く継続していることは、十分に体力のアピールになり得るのだ！

未来のビジョンに関する質問

面接の質問

32

志望動機を教えてください。

質問の狙い

「コアに基づくやりたいこと」をチェックしている
そこから、きみの思いの強さや深さを見ている

- きみが「どういうことをやりたいのか」がチェックされる
- なぜそれをやりたいのかも確認してくる
- 仕事を通じてどういうことを実現したいのかも探ってくる
- 社会にどんな問題意識を持っているのか
- 日本やその業界に対してどの程度の危機意識を持っているのかも知りたい
- きみが「どんなことに喜びを感じるのか」も見てくる
- 仕事に対する意識の強さ・情熱のレベルも見られる
- 仕事の中身が見えているかどうかもチェックされる

攻略のポイント

■そもそもきみはどんな人生を送ってきて、そんな人生だったからこそ何がしたいのか、という**過去・現在・未来のつながり**を大事にして、志望動機を語ろう

■社会に問題意識を持ち、自分が実現したいことと社会の問題を関連してとらえているか

■日本が衰退していく現実や、その業界を取り巻く状況、さらには業界や企業の課題を把握し、それらを考慮に入れた志望動機になっているか

■やりたいことと、自分はそれを実現できるだけの強い思いと能力があることをアピールせよ

■**具体的な企画も軽く盛り込みたい**

■面接が進むほど、面接官は志望動機をチェックする。「内定を出したら本当に入社するか」を確認するためだ。本気で伝えよう

■「なぜ競合他社でないのか？」の質問にも答えられるように

■**この志望動機で、他の学生と一気に差がつく**と心得よ

この質問は100%くる。
きみが心からやりたいと感じていることを、伝えればいい。

！志望動機のポイント

①**私はこんなことを実現していきたい。**
（→仕事を通じてのビジョン）
②**どうしてそう思うのか。**
（→社会への問題意識・自分の価値観）
③**私のやりたいことは、こんな形で実現できる。**
（→ビジョンの実現方法）
（→活躍する人物であることの根拠）
④**具体的に御社でやりたいことはこれです。**
（→具体的な企画）

面接の質問

33

なぜ、この業界を志望するのですか。

質問の狙い

きみがその業界にこだわる理由、職業観・コアをチェックしている

- 社会全体への関心・問題意識を知りたい
- 業界の実態や中身が見えているのかをチェックしている
- 「やりたいことを考えると、他の業界でもいいのでは?」と揺さぶることで、志望度の高さや、本気度合い、精神的なタフネスを見ている

攻略のポイント

- この質問の後は、「その中でなぜ当社なのか」とくることが多い
- 例えば銀行志望の場合は、「なぜ金融なのか」「なぜ銀行なのか」「なぜその会社なのか」の3点を必ず押さえておこう
- 「社会の動きの中でその業界を選ぶ理由」と、「自分のやりたいこと、ビジョンがどうしてその業界で実現できるのか」の両方を語れるようにしておく
- その業界の実態や中身が見えていることをアピールしよう
- その業界の実態を分かった上で、自分の意志の強さをアピールしよう
- 他の業界じゃダメなのかと揺さぶられたら、本音で答えよう。本音で、どちらでも自分のビジョンが実現できると思っている場合は、そう言おう。ただし、**この業界が一番適していると考えている理由を自分なりの考えでつけ加えよう**

■ 気をつけよう

業界自体に憧れている人が結構多い（商社やコンサルなどの難関業界志望者に特に多く見られる）が、現実をよく見てほしい。

現実は甘いものではない。

憧れだけで何とかなるという世界はまずない。

「この業界はこういうイメージ」と決めつけると、発想が受け身になる。受け身な人物という印象をも面接官に与えてしまう。

「今後その業界をどうしていきたいか」という視点も持とう。

しっかりと現実を直視して、その上できみの思いの強さや情熱をアピールしようじゃないか！

面接の質問

34

なぜ、この職種を希望するのですか。

質問の狙い

きみの仕事に対する熱意や、その仕事への理解の深さを見ている

- その職種に対する理解の深さを確認している
- きみがどれほどの思いで働こうとしているか、仕事観を確認している
- ただの憧れで志望していないかどうかをチェックしている
- 他の職種との比較・分析をする能力があるかをチェックしている
- その上で、自分の適性を客観視できているかを確認している

攻略のポイント

- なぜその職種を希望するのかをコアと関連づけて語れるようにしよう
- なぜその職種で活躍できるのかを強みと関連づけて語れるようにしよう
- その職種が、その企業の中でどんな役割を果たしているのか理解しておこう
- **他の職種では実現できなくて、その職種だから実現できるものは何なのか**を語れるようにしておきたい
- 他の職種と比較した時のその職種のデメリットも考えておきたい
- その職種で自分が描くキャリアビジョンも語れるようにしておこう
- さらに、実現したいことや挑戦したいこともなるべく具体的に語れるようにしておきたい
- **「もし、その職種に配属されなかったらどうしますか」**と聞かれることも多い。きみの思いは、特定の職種でしか実現できないかをしっかり考えておこう

近年増えている、職種別採用や、ESで希望職種を選択させてから選考をする企業に対しては、必ず準備をしておこう。「何となく営業」や、「おもしろそうだから商品企画」とか「かっこよさそうだからマーケティング」では、面接で「具体的に何がしたいか」を聞かれても抽象的な話しかできなくなってしまう。

業界研究と企業研究だけでなく、職種研究も絶対だ。

さらに大切なのは、本やネットに出てこない情報を、社会人訪問などを通してどれだけ具体的に聞くことができるか。その仕事をしている人に実際に会って、生の声を聞くこと以上に、その仕事をイメージできる最良の手段はない。やってみよう。

面接の質問

35

当社を知ったきっかけは何ですか。

質問の狙い

「知ったきっかけ」から「受けることに決めたきっかけ」への推移を質問することで、きみの情報収集力（分析力、発想力）を見ている

- どのようにして情報を集めるのか、きみの情報収集力を測っている
- アンテナの高さ・情報の敏感度をチェックしている

攻略のポイント

- 「知ったきっかけ」は、そのまま答えるしかない
- **「知ったきっかけ」に加え、どうして志望するに至ったのかを簡単に語ろう**
- 普段から、いかにして情報を収集するべきかを考え、多彩な情報収集ツールを使いこなしたい。そしてその中で、最適な情報収集の手段を選ぶようにしよう
- 普段からアンテナを高く張り巡らせ、情報には敏感であってほしい。しかし、情報に踊らされるようでは困る。情報を自分でコントロールせよ

■こんな学生がいた

「最初のきっかけは、合同企業セミナーで御社の説明を聞いたことです。その後、青山のアンテナショップに足を運んでみました。そこで御社の方にお話を伺い、○○という考え方に共感しました。その方に教えていただいた晴海のスプリングフェアにも伺い……」

なかなかいい。足を使って動いていることがいいアピールになっている。

面接の質問

36

当社の印象を教えてください。

質問の狙い

きみの分析力と、そこに独自性があるかどうかも見ている

- どの程度まで、その会社を把握しているかをチェックしている
- 本当のところ、どのぐらいその会社に興味があるのかを確認している
- きみがその会社のどこを見ているかをチェックしている
- きみのその会社への情熱を探っている
- 働くことや働く場への、きみのこだわりも探っている

これも大きなチャンスだ！

いい印象だけでなく、改善すべき印象も言っていいだろう。

そしてその印象をなくすには、こうしたらいいのではという提案をしよう。それが的を射ていればいるほど、さらにそれに加えて新しい提案（社内や業界で言われつくされているものでないこと）であればあるほど、強烈なアピールになるし、面接官も本気になるだろう。

攻略のポイント

- 自分なりの切り口で、その会社の印象を述べることが大切。**よく言われている話**では面接官には響かない
- マニアックなことである必要はない。むしろ切り口や視点、目のつけどころで、自分らしさを出したい
- パンフレットをよく読み、創業理念（会社のコア）と具体的な業務を自分なりに分析し、根底にどのような価値観があるかを語る
- こういう質問の時に威力を発揮するのが、**社会人訪問などの足を使った情報収集**である。非常にリアルで的を射た、オリジナルな意見が言えるだろう
- 面接官の印象から、会社のコアやコンセプトを推測して伝えると、面接官も喜ぶだろう
- 客観的な事実だけでなく、きみの主観やどうしてその会社に行きたいのかも伝えよう
- 商社やコンサル、広告業界を志望している人は特に注意だ。表面的な華やかなイメージだけで志望している学生は落とされる。業界やその企業を取り巻く環境の変化や、仕事の厳しさを理解していることを伝えておこう

面接の質問

37

入社後、具体的にやってみたい仕事は何ですか。

質問の狙い

その会社の仕事を具体的に理解しているのか、世の中の動きを把握しているかをチェックしている

- ■入社後のイメージを具体的に描いているかを確認している
- ■やりたいことについて、きみがどこまで具体的に考えているかをチェックしている
- ■きみのやりたいことに対する思いの強さ・本気度合い・真剣さを見ている
- ■「自分がどういうフィールドで活躍できるか」が分かっているか（自分を客観視できているかどうか）を見ている

攻略のポイント

- 職種を答えるだけの学生が多いが、それでは物足りない
- きみのこだわりを、具体的な仕事に落とし込んで伝えよう
- なぜそれをやりたいのかも語りたい
- それを通じて、どんなことを実現したいのかもアピールしたい
- 入社後の仕事をありありとイメージして、**できるだけ具体的に、詳細に語ろう**
- できれば、事前に社会人訪問などで、その会社の社員に話を聞いてもらい、チェックしてもらうべきだ
- **具体的に語るほど、その思いは強い・本気である・志望度合いが高いと判断される**と心得よう
- 一方で、まだ分かっていないのに、分かっているかのごとく語ると、薄っぺらいヤツだと思われる。変に熱っぽく語らないことだ

■こんな学生がいた

「営業をやりたいです。営業を通して、お客様に最適なソリューションを提供し、お客様になくてはならない存在になっていきたいです」

ただ職種を答えているだけになっている。

少なくとも、どんなお客様に、どんなソリューションを提供してみたいのかぐらいは言ってほしい。

このあとに突っ込んだ質問がくるだろう。

面接の質問

38

その仕事にはどんな資質・能力が求められると思いますか。

質問の狙い

その仕事の本質を分かっているか、チェックしている

- 分析力を見ている
- その仕事に対する取り組み姿勢や覚悟も見ている
- 学生時代に、どれだけ深い経験を積んできた人かを確認している
- 「どんなことを話すと有効なのか」を分かっているかどうかで、賢さを判断する

攻略のポイント

■最大のポイントは、その仕事の本質を知ることである

■仕事の本質を把握するのに最も有効なのは、その仕事の**ミニマム体験・プチ体験**である。その仕事の要素を含んだ、身の回りでできる経験をしっかりと積んでおこう

■インターンシップでの経験を語ることも有効だ。複数日程のプログラムに参加し、仕事理解を深めておこう

■仕事の本質を把握するのに、**イメージング**も有効である。その仕事をこなしている状態をリアルに頭の中でイメージするのである。細部までイメージすることで、どんな能力が必要かも分かってくる

■こんな学生がいた

(コンサル志望の学生A)

「戦略コンサルの仕事において最も大切なのは、コミュニケーション能力と論理的思考力だと思っております」

確かに当たっているのだが、少し抽象的だ。その仕事の本質はどこまで見えているのだろうか。疑問が残る。

(コンサル志望の学生B)

「必要な資質は、ゼロから発想する力と自ら実行する力だと思っています」

いい。戦略コンサルの仕事をよく分かっている人の言葉である。

面接の質問

39

希望の配属先に行けなかったら、どうしますか。

質問の狙い

どの程度長期的に物事を考えているか、チェックされている

- その企業への志望度を測られている
- きみのキャパシティの広さ、発想の柔軟性が問われている。こだわりの強さが問われている
- 本意でないことを言われた時の、切り返し方を見ている
- そのやりたいことへの思いを、どこまで持ち続けられるかをチェックしている
- 仕事をどのようにとらえているのかも見ている

攻略のポイント

- あまり頑固に最初の配属先にこだわり過ぎるのは、人事から扱いにくい人材とされる可能性がある。この**「こだわりの強さの度合いをどこまでよしとするか」は、業界・会社によって異なる。同時に、その学生の能力・魅力（評価の高さ）にもよる**
- やりたいことによっては、また業界・会社によっては、長いスパンでやりたいことの実現を考えていることをアピールしよう
- 与えられた仕事を精いっぱいやりつつ、常に自分のやりたいことへの情熱を持ち続けていることをアピールせよ
- 社会人訪問を通して、さまざまな部署で得られる経験や成長、やりがいを把握しておこう。特に大企業では複数の部署を経験しているからこそ実現できることがある。社内で話を通すための知識や能力、人脈が手に入るからだ。それさえ理解できていれば、この質問にも答えやすくなるケースが多い

仕事は、すべて自分の意見が通るとは限らない。
むしろ最初のうちは、通らないことのほうが多い。
そんな中、やりたいことへの情熱をいつまで燃やし続けることができるのだろうか。
一方で、希望の仕事に就けずに3年も5年も回り道していいのか。
本気の夢は何か？
一生をかけて追い求めたい夢の実現のために今、戦略を立てよう。

面接の質問

40

当社の改善点・課題は何だと思いますか。

質問の狙い

業界全体の大きな動きがとらえられているかどうか
さらに、その会社に対するきみの分析力・提案力が問われている

- きみの意見や視点が妥当かどうか、斬新かどうかを把握する質問
- その会社をどれぐらい真剣に志望しているのか、本気度合いがチェックされる
- きちんと提案できる人かどうかが見られている
- 詳しく知らない者なりの真剣な考え方や意見をどのように伝えるのか、きみのコミュニケーション能力を測られている
- 交渉の上手・下手、調整能力や統率力も探られている

攻略のポイント

- 超少子高齢化、アジアやアフリカの台頭といったマクロ視点でも語れるようにしておくこと
- SDGs、AIなど、現代のキーワードはおさえておくこと。それらが志望企業に与える影響を考慮し、課題を考えてみよう
- 企業のよい点ばかり見るのではなく、悪い点も見るクセをつけよう
- BtoC企業であれば必ず商品やサービスを試してみること。その際に「自分だったらここを改善する」という視点を持つこと
- そして**必ず改善案や提案を考えておこう**
- ずっと言われ続けているような、ありきたりな提案ではなくて、**きみならではのオリジナルな提案**が欲しい。**斬新さ**が欲しい
- 相手の立場に立ち、相手の意向をくみながらも、しっかりと自分の提案をおこなうこと

本気で志望している会社の問題点を発見し、原因を分析し、改善のための提案をしよう！

本気でその会社のことを考えているからこそ、もっとこうしたらよいのではという考えが生まれるのだ。

聞かれなくても提案したいところだ。

そしてできれば、社会人訪問などを通して、その会社の社員に、事前に聞いてもらってチェックをしておこう！

面接の質問

41

あなたが入社したら、当社にどんなメリットがありますか。

質問の狙い

他の学生ではなく、きみを選ぶ理由を自分で説明できるか、分析力・アピール力を見ている

- 入社後、いかに活躍してくれるかを探っている
- きみの売りが会社にどう活きてくるのかをチェックしている
- 「どんなことを話すと有効なのか」を分かっているかどうかで、賢さを判断する
- 「利益貢献する」という仕事への意識があるかどうか

攻略のポイント

- 受け身の姿勢では、答えられない質問だ。自分が何をアウトプットするのかを考える**能動的・主体的発想**を普段からしておこう
- まずは自分の売りをちゃんと把握しよう
- その売りが、その会社で仕事をする上で、どのように活かされるのかを考え、結果的に会社にどんなメリットがあるのかをアピールすべきだ
- 根拠としての具体的な経験談も忘れずに。具体的経験がないと説得力に欠けてしまう
- **きみならではのメリット**が提示できると最高だ
- 企業研究ができていなければ答えられない。求められる人物像を理解した上で自分にできることを説明しよう

この質問こそ明暗を分ける質問だ。

本気で志望しているのであれば、会社に与えるメリットをしっかりと考えておこう。

そして根拠となる具体的経験も併せて用意しておくこと。

我究（自己分析）をしていればまったく問題ないのだが、そうでなければ、この質問は非常に答えにくい。

そういうところからも我究の重要性を理解してほしい。

面接の質問

42

あなたの夢は何ですか。

質問の狙い

夢という重みのある言葉で、コアを自覚できている深みのある人間か、それとも表面的な人間かどうかを見ている

- 視野の広さ、マクロ視点の有無、社会への関心や問題意識を見ている
- きみのビジョンを見ている
- きみが、自分の未来をどのように考えているかを把握する
- また、どの程度未来を描ける人かもチェックする
- 現実のとらえ方、厳しさ、甘さ、アバウトさ、スケールの大きさ・小ささなども見られる
- 社会の動きについての関心の度合いも分かる

攻略のポイント

■自分の夢を端的に伝えよう
■世界と日本の動きをとらえて語ろう
■**自分のコアからつながる未来**を、分かりやすく言う
■**過去から現在、そして未来と世界へのつながり**を意識することがポイント
■**自分の夢の実現とその会社がどう関わるのか**も伝えるべき。関係のあることを言う。無関係ではＮＧ。仕事とまったくかけ離れたことを言わないこと
■どんな会社も未来を描ける人間に入社してほしいもの。「未来のことはよく分かりません」的な返答は、場違いになる可能性が高い
■まだ実現していないことなのだから、話し方も態度も偉そうにならないように

■こんな学生がいた

「私の夢は、この手で安全・安心を生み出すことです。14年間続けてきたサッカーでは、ゴールキーパーをやってきました。ゴールを守るという立場から、常にリスクを考え、最も安全な戦略を考えてきました。また、自分がいることで、他のプレーヤーに安心感を与えることに、強い喜びを感じてきました。だからこそ、自ら安全を生み出し、多くの人に安心を与えたいです」

しっかりとコアから述べられている。いい。

彼の志望する整備という仕事へのつながりも納得できる。実に魅力的で、今後の活躍が期待できる。

面接の質問

43

10年後のあなたは、どうなっていますか。

質問の狙い

コアに基づいたビジョンがあるか、ビジョンが明確か

- どの程度リアルにビジョンを描いているかが問われている
- きみのビジョンとその会社との関わりについて、チェックされている
- 目標達成のための戦略立案ができるかどうかを見られている
- 「どんなことを話すと有効か、何を言うとまずいのか」を分かっているかどうかで、賢さを判断する
- その会社で長期的に働くイメージを持っているかを確認している

攻略のポイント

■コアに基づいたしっかりとしたビジョンを描いていなければ、話にならない。ビジョンが分からないという人は、我究（自己分析）を通して、しっかりとビジョンを描いておこう

■10年後だけでなく、5年後や20年後、30年後の自分についてもリアルに考えておくこと

■**ある程度具体的に語ること**。未来のことでも、ある程度の具体性は重要である

■5年後、10年後、自分はその会社で何をしているのか、という視点は必ず伝えよう

■目標に対して、最適な戦略を立案できることをアピールしよう

■ここから10年間で、その企業を取り巻く環境がどのように変化するかも理解した上で語ろう

■社会人訪問を通して、その企業の10年目の社員が期待されていることを理解した上で語ることも大切だ。あまりに現実とかけ離れているキャリアプランを語ると、情報収集能力が低い人物に見られてしまう

■こんな学生がいた

（商社志望の学生）

「MBA留学を経て、経営に関する知識とノウハウを身につけ、新たなビジネスを創出していると思います」

新たなビジネスとはどんな分野のビジネスなのだろうか。もう少し具体的に語りたい。突っ込んだ質問がなければ、「よくいるMBA好きの学生」で終わってしまう。

ちなみにこれは自分で起業しているイメージなのか。会社によっては、将来の独立をあまり歓迎しないこともあるので、そのあたりは注意深く。

面接の質問

44

この業界は今後どうなっていくと思いますか。

質問の狙い

業界分析の内容を通して、志望度を見ている

- 社会の流れを把握できているかを見ている
- 情報収集力を見ている
- 分析力（賢さ）を見ている
- 不確定な未来の話を、「自分なりの意見」としてまとめる力があるか、見ている

攻略のポイント

- ありきたりな一般論にならないよう、気をつけよう
- **自分なりに考えた予測**を語れるようにしておくこと
- 社会人訪問を通して、実際に働いている人の意見を事前に聞いておこう
- 業界の最新動向には、常にアンテナを張っておくこと
- 日本国内で、その業界が今後どのように発展（場合によっては衰退）していくのかを研究しておこう
- グローバル展開を目指している企業であれば、実際に進出している国の政治・経済・社会情勢などをしっかり把握し、可能性と課題の両面から分析しておこう
- 上場企業を志望する場合は、その企業の「中期経営計画」は当然チェックしておきたい
- コロナ禍で事業構造が変化している業界・企業がある。それをふまえて思考、行動できているとアピールしよう。最新情報を自らとりにいくこと

業界の今後を予測した上で、自分が実現したいビジネスプランも語れるようにしておこう。その際に、「どこかの企業がすでに取り組んでいる話」をしてしまわないよう、注意が必要だ。事前にニュースをチェックしておきたい。

! 業界分析のポイント

①業界の話題やトレンドを、ニュースや新聞で調べ理解する
②業界に影響を与える政策を調べる（国内だけでなく海外も）
③業界に属する企業を調べ、それぞれの特徴を把握する（新規参入にも注意）
④③のうち、主要な企業の中期経営計画を見て、今後の動きを予想する

面接の質問

45

質問はありますか（逆質問面接）。

質問の狙い

質問の質と量で、志望度とコアを確認している

- どれだけ企業研究をしたか（＝志望度）を見ている
- 「何を聞くと有効なのか」が分かっているか、賢さを見ている
- きみのコア（大切にしてきた価値観、これから追い求めたいもの）を確認している
- 入社した後の活躍のイメージを持っているかを確認している

攻略のポイント

■ ネットで調べれば分かることは、もちろん聞いてはいけない

■ 最新のニュースにはすべて目を通し、**自分なりの意見を持った上で質問をしよう**

■ 「**よく調べてあるね**」と感心してもらえるレベルまで調べ尽くさねば、浅い質問しかできないと心得よう

■ 事前に社会人訪問をしたい。実際に働く人と話すと、具体的な質問が出てくる。誰でも質問できる抽象的な問い以外を採用担当者にぶつけることができるのだ。「御社の○○さんに伺ったのですが」と、**足を使って情報収集したところもさりげなく伝えながら質問しよう**

■ 自分がその企業で**5年後10年後に実現したいこと**をまとめておく。そして、それを実現するために、どんな働く場があるのか、学生の間にできることはないかを質問しよう

■ コアを伝えた上で、それがその企業で実現できるかを確認する

■ 面接官が働く上で大切にしていることや、仕事で誇りに感じていることなどを聞いてみよう。きみの心に響く素晴らしい話を聞けることが多い。そこから会話が盛り上がれば、お互いにとって心が通う素晴らしい時間になるはずだ

近年、「逆質問面接」と言われる面接の形式をとる企業が増えてきている。採用担当者からは何も聞かれない。ひたすら学生が質問を続ける面接だ。長い場合は60分もこの時間が続く。志望度が低い人や、詰めの甘いタイプは、質問が途中でなくなったり、質問内容が浅くなる。

■ 気をつけよう

言うまでもないが、次のような質問は避けるべきだ。

安定や処遇の手厚さで企業を選んでいるのがバレバレだ。選考において、自分は選ばれる側であるという意識を忘れない。

・福利厚生はどうなっていますか
・休みはとれますか
・給料はどれくらいですか、残業代は出ますか
・離職率はどれくらいですか

就職意識や
就職活動の進捗状況に
関する質問

面接の質問

46

あなたにとって就職とは何ですか。あなたの就職観を教えてください。

質問の狙い

きみにとって仕事とは何なのか、仕事を通して何を実現させようとしているのかを把握する

- 働くことをどのようにとらえているかをチェックしている
- 社会への関心・問題意識を見ている
- きみの仕事に対する思いを見ている
- きみのコア・価値観も問われている

攻略のポイント

- きみの核心をつく大きなポイントである。きみにとって「働く」とはどういう意味があるのか。我究（自己分析）の成果を発揮しよう
- 偉そうにではなく、でも真剣に伝えるべきだ
- まだ働いたことがないのだから、一般論をいくら述べても説得力に欠けてしまう。自分の等身大の意見を述べよ
- アルバイトの経験やサークルなどの組織で取り組んだ経験、これまでの生き方をもとに、本音で思うところを語ろう
- **きみのコアと照らし合わせて、答えよう**
- 「あなたはなぜ就職するのですか」というバリエーションもある。質問の狙いも攻略のポイントも基本的には同じだ

この質問は、ちゃんと我究してきている人にはビッグチャンスである。

自分のコアとビジョンを踏まえて、「自分にとっての就職とは……」と語ればいい。

この質問で、きみの就職に対する「本気の度合い」が試されるのだ。

社会人の先輩の胸を借りるつもりで、でも堂々と、己の夢を語るがいい。

面接の質問

47

企業選びの軸を教えてください。

質問の狙い

きみが本来的に何を望んでいるのか、何を求めているのかをチェックしている

- きみのコアを聞いている
- きみが企業を選ぶ際、何を優先して選んでいるのかを見ている
- きみが持つ本来の価値観を判断しようとしている
- どの程度能動的か、あるいは受動的な人かを探っている

攻略のポイント

■ 我究（自己分析）の根本だ。**我究をしていればまったく問題ない**

■ きみは仕事を通じて何を実現していきたいのか。それを踏まえて、自分の価値判断軸を考えよう

■「成長できそう」「海外に行く機会がありそう」といった、自分が何を得られるかの視点も大切だが、面接官はそこにはあまり興味がないと思っていいだろう

■ きみのコアとその会社の創業理念とがどうシンクロしているのか

■ これが企業ごとに異なる答えになるのは考えものだ。本当にその会社に行きたいのだろうか。もう一度、我究したほうがいい

■ 会社の特徴をきみならではの視点で見出せれば、ユニークな発想力をアピールできる

■ どこに所属したいかではなく、何をしたいかを能動的に語ろう

■「その軸をもとに、他社はどこを受けていますか」という質問が続く。軸に沿った企業選定ができていることを、回答する社名で伝えたい

■ **「社員一人当たりの利益率です」**など、会社を分析して特徴を述べても、きみの軸は伝わらない。どうしてそのポイントを重視するのか、自分の価値観を話そう

■ こんな学生がいた

「私の企業選びの軸とは、自分が成長できるかどうかです。最も自分が成長できるフィールドを望んでいます」

このように自己の成長を挙げる学生が非常に多いが、**会社はきみを成長させるために雇うのではない**。きみが何かしらの貢献をするから、給与を払って雇うのだ。成長したいだけであれば、自分でお金を払って、スクールにでも行くべきではないか。たとえどんなフィールドでも成長する人は成長する。せめて「どう成長したいか」「どうしてその成長がその企業でできると思うのか」を述べよう。

面接の質問

48

学生と社会人の一番の違いは何だと思いますか。

質問の狙い

働くことへの自覚を見ている

- 学生から社会人になる意識と覚悟はあるかをチェックしている
- 社会人の世界を分かっているか、社会の厳しさ、実社会の現実が見えているかをチェックしているこの質問に対して、笑いやおちゃらけは一切なくそう。

笑いをとって済ませるようなところではなく、きみの覚悟が問われているのだ。

あくまで真剣に、己の覚悟を語るつもりで答えよう。

この質問に覚悟を持って答えられないのであれば、一度就職自体を考え直してみてはどうか。

社会人になる自覚もない状態で、就職活動をしてもあまり意味はないし、何より後々つらくなるのは目に見えている。

仕事や人生には楽しいこともそうでないことも必ずある。「自分が何のためならがんばれるか」をはっきりさせるために我究をしよう。

攻略のポイント

- 「学生なので分からない」では、済まされない
- 社会人訪問や会社訪問、アルバイトの経験、インターン経験などを通して、社会人の世界の厳しさや現実をしっかりと把握しておくこと
- 「覚悟ができている」という雰囲気で伝えよう

面接の質問

49 インターンシップに参加した企業はどこですか。

質問の狙い

きみの就職活動の軸（コア）と、選考企業への志望度を見ている

- 参加企業を通して、きみの就職活動の軸を見ている
- 参加企業を通して、きみの業界への志望度を見ている
- インターンシップの参加時期や内容を通して、きみの働くことへの意欲・関心を見ている

攻略のポイント

■「参加企業を選ぶ軸」と結びつけて語れるようにしておこう。例えば「社会に○○という影響を与えたいと思っています。それが実現できそうな○○社を選んで参加しました」や、「商品企画の仕事に就きたいと思っているので、それを実践的に経験できる○○のインターンシップに挑戦しました」など。目的意識を持ってしっかりと動いていたことをアピールしたい

■採用担当者はその後に「その経験から何を学びましたか」と、インターンシップで、きみたちが何をどのくらい学べたのかを聞いてくる。「(インターンシップという)1つの経験から、どれくらいのことを得られるか」を知ることで、入社後のきみの成長スピードを想像するのだ

■また、「実際に参加して、想像とのギャップはありましたか」と、きみのコアとのマッチングを確認してくる。ただ単に「なかったです」と答えないように

■長期インターンシップの場合、「その経験から学んだこと」「それをどう乗り越えたか」を説明できるようにしておくこと

■外資、ベンチャー、海外など、参加したジャンルやエリアなどによってきみの価値観や能力を見ようとしている

きみのコアと一致している部分を言葉にして伝えよう。例えば「○○にやりがいがあると思い参加したところ、その点に関しては予想通りでした」という具合だ。自分の判断軸が明確であることと、インターンシップに参加し、仕事内容とコアとが一致するかを能動的に確認したとしっかり伝える。

一方、他の企業のインターンシップに参加してみて、コアと仕事の内容が異なると感じたこともあるだろう。それをこの質問で語ってもよい。明確な判断軸と共に、目指している企業との親和性が高いと主張すれば、説得力がある。どの会社に対しても同じことを話していては、相手は納得してくれない。

面接の質問

50 他にどんな会社を受けていますか。

質問の狙い

志望度合いの強さ・やりたいことへの本気度をチェックしている

- 仕事へのこだわりを見ている
- 就職活動や企業選びのつながり・一貫性をチェックしている
- 他社の選考状況をチェックしている

攻略のポイント

■自分なりのこだわりを持って就職活動をし、企業を受けているのであれば、そのまま受けている会社を言えばいい。その上で、そのこだわりを必ず伝えよう

■特にこだわりもなく、たくさんの企業を回っている人は、全部を言う必要はない。何らかの**一貫性のある会社群**を答えよう。同時に、自分のコアとそれらの会社がどうつながっているのかを言語化し、語れるようにしておくこと

■この後、多くの場合**「他社はどの程度進んでいますか?」**とくる

■こんな学生がいた

「総合商社やメーカー、IT企業を受けています。何か大きなことをやってみたいので、それができるところを受けています」

もったいない！　きみなりのこだわりは「大きなこと」だけなのだろうか？　もっと自分が本当にやりたいことのこだわりを、深いレベルで考えよう。

具体的な内容やそれに取り組みたい理由を言葉にしよう。

面接の質問

51 他社の選考はどの程度進んでいますか。

質問の狙い

答える時の反応で、タフさやストレス耐性、調子のよさ、正直度を見ている

- きみに対する他社の評価をチェックしている
- 「どんなことを話すと有効なのか」を分かっているかどうかで、賢さを判断する

攻略のポイント

- 他社の選考が進んでいるならば、正直に答えるのが一番いい
- もし他社の選考で落とされているなら、何次面接まで進んだのかを伝えた上で、なぜ落とされたのか、自分なりの敗因分析を簡単に伝えよう
- 伝えることで評価が下がるようなことは伝える必要はない。「正直な学生だ、しかし間抜けな学生でもある」と面接官は思うだろう
- 他社の選考状況を伝えつつも、「御社が大本命である」ことを伝える
- 1次選考で落ちたと言ってしまってもよいのかどうかは志望している企業と落とされた企業の難易度などを考慮して慎重に考えよう

■こんな学生がいた

「A社は現在3次選考の結果待ちです。B社は次に4次選考となっております。C社はまだエントリーしたところです」

このように正直に答えるのがいい。面接官も他社での評価を聞いて、自分たちの評価と擦り合わせるのだ。

「御社以外は、進んでおりません。A社は1次面接で落ち、B社はエントリーシートで落ちてしまいました。言いたいことを端的に表現することができなかったのがよくなかったと考え、最初に結論を言うように心がけた結果、御社はこの面接まで進めました」

他社での評価は決してよくないが、自分なりに敗因分析をし、ちゃんと克服しており、成長の可能性を感じる。

面接の質問

52

当社に落ちたら、どうしますか。

質問の狙い

やりたいことに対する本気度、志望度の強さを確認している

- 慎重さや緻密さ、その一方でアバウトさ、投げやり感などをチェックされる
- 物事に対するリスクヘッジ能力も見られている
- 物事への柔軟な対応力も見られている
- これまでの主張に一貫性があるかどうかも問われる

攻略のポイント

■雰囲気にもよるが、基本的には冗談でかわすべき質問ではない

■本気で落ちた時のことを考えて、自分なりのリスクヘッジ策を述べたい

■たとえその会社に落ちても、きみがやりたいことは、その会社でなくても実現できるはず。他の会社や他の手段で、どのようにやりたいことを実現させるのかを述べよう。どうしても入社したいのであれば、中途採用という手もあるはずだ

■**たとえどんな状況であっても、自分の夢ややりたいことに対する思いは強く持っておこう。**どんなことがあっても実現させるのだという強い気概を忘れるな

大事なのは、自分が貫きたい本気の想いを力強く語ることだ。

やりたいことが会社ありきなのか問われている。

人生をかけて挑戦したいことであれば、この質問に対して、まっすぐに思いを伝えられるはずだ。

面接の質問

53

すでに内定したところは、どこかありますか。

質問の狙い

就職活動の展開の仕方から、戦略性を見ている

- きみに対する他社の評価をチェックしている
- 答える時の反応で、タフさやストレス耐性、調子のよさ、ウソつき度を見ている

攻略のポイント

- 他社から内定をいただいているならば、正直に答えるのが一番いい。隠す必要はない
- 「内定している会社とウチの会社、どっちに行くの？」と聞かれても、本音を言えばいい。その会社に行きたいから受けているはずだ
- もし内定がなければ、正直に答えるしかない。**ウソはやめておいたほうがいい**

他社に内定していると、評価が高くなるという事実は確かにある。

実際、他の会社で「ぜひウチに欲しい」と言わしめた人材だという証拠なのだから、それを聞いてさらに評価が高くなるというのも無理はない。

でも、他社の内定どころか、「本命企業以外はすべて落ちた」という人もいるのだ。

すでに内定を持っているかどうか、など気にしない。決まる人はどんな状態でも決まる。

心配しないで、胸を張っていけ！

面接の質問

54 当社は第一志望ですか。

質問の狙い

▼当社への志望の強さを見ている
▼平気でウソをいう人か、人間の軽さを見ている

■本当に当社が第一志望なのか、第一志望でないのに、平気な顔して「第一志望」と言えてしまう人間なのか

■第一志望だと言っておいて、内定してから辞退する学生の多さに、企業側は困っている。そしてそれ以前に、その調子のよさにあきれている

学生も、社会人も、大人も、モラルのレベルが変化していることは否めない。

内定した場合、結局辞退すると決めたなら、一日も早く辞退を申し出よう。そして1つでも内定枠を他の学生のために空けるべきだ。

攻略のポイント

- 第一志望である場合は、重みを持って伝えたい。第一志望ではない場合、「第一志望ではない」とはっきり言うことは、面接官にも失礼だ
- 「第一志望」なのか、**「いくつかある第一志望群のうちの一つ」**なのか、**「今は第一志望だが、他社も見てみたい」**のか。将来共に働く仲間（先輩）になるかもしれない方と、誠実な関係であるべきではないのか
- 何と言うかも大切だが、それをどのように伝えるのかで、きみがどのような人間かが分かる（人間性・価値観・賢さ）。そして、きみはどのような人間でありたいのかが問われている
- 「他社も受けたいのですが」と伝え、それで落ちることももちろんある。きみのその時点までの評価の高さ、あるいは、きみの思いの伝え方にもよるのだ

面接の質問

55

なぜ留年したのですか。

質問の狙い

価値観を見ている

- 留年は「悪いこと」ではない。「絶対してはいけない」ととらえている面接官は、ほとんどいないだろう。しかし、留年という事実をどの程度の重みをもってとらえているのか見られている
- 留年にはお金もかかる。これまで20年育ててきた親の思いもあるだろう。それについてはどう考えているのだろうか
- 自分の都合で安易に留年しているのではないか。その場合、親との関係はどうなっているのか

我究館では毎年、多くの就職留年組が結果を出すが、就職活動だけをやっていた人はほとんどいない。採用側の本音として、「就職活動だけずっと一生懸命やっていた人」を採用したいと思えないのは、想像がつくだろう。

もう少し学生をやりたくて留年したという人も、具体的に理由を語れるようにするべきだ。

留年とは、軽々しくするべきものではないという通念が根底にある。特に学費を払う側、それまで育ててきた親の気持ちに、面接官はどうしても感情移入する。自分の子供に「なんとなく」で留年されたら困るという思いを持っている人が多い。なんとなくの言葉にどれほどの深い思いがあるのか、それを伝える。言葉にできないほどの思いでも、それをなんとしてでも言葉にしていく必要があると心得よう。「学生のうちに、どうしても挑戦したいことがあった」のではないか。

攻略のポイント

■「就職留年です」は、答えになっていない。**なぜ就職留年しようと思ったのか**を語ろう

■A「**昨年も一生懸命就職活動して、それでもダメだった**」のか。それとも、

B「**就職活動と重なる時期に、何か他のことに打ち込んでいて就職活動はおろそかになってしまった（してしまった）**」のか。

現実として、難関企業であればあるほど、Bのほうが受け入れられやすい。「一生懸命やったのにもかかわらず、決めきれなかった」という人を、翌年に採用するというのは、プライドの高い会社では少ないだろう

■そもそも本当に就職留年なのだろうか。他に「どうしてもやりたかったこと」があったのではないのか

■もしAの場合は「なぜ落ちたのか」「そこから何を学んだのか」「昨年の自分と何がどう違うのか」を言葉にして説明できるようにすること

面接の質問

56

大学の専攻と関係ない分野ですが、なぜ専攻を活かした分野に就職しないのですか。

質問の狙い

願望の強さ、考えの深さを見ている

- 卒業後まったく違う分野に進むことが悪いことでは決してないが、そうであるなら、**そもそもなぜその専門を選んだのか**を尋ねることで、人間の軽さが分かる
- 特に理系から技術系以外の分野へ就職する場合、文系よりも高い学費を払ったのは誰なのか、払ってくれた人への思いはどのようなものがあるのか、知りたいところだ

攻略のポイント

■軽くならないように。今の思いも、いずれ近い将来「やっぱり違った」と、また軽やかにチェンジする可能性があるのではないか、と相手は勘ぐっていると思って臨むべきだ。**深い思考の上での決断であること**を伝えるべきだ

■自分の思いを貫くことは悪いことではないし、それを支持する人が大多数であるが、学費を払ってくれた方への思いもこめるべきだ

■大学で学んだその専門性は、違う分野ではどう活かせるのか。なぜその専門を学んだ人を採用するべきなのだろうか。本質を押さえてレバレッジを効かせる、柔軟な発想ができる人かどうかも測られている

「そもそも大学の専門を選んだ理由を教えてください」

という質問が必ずくる。どういう思考・洞察に基づいて、18歳あるいはハタチの時に決断したのか。その時点ではどう考え、今はどう考えているのか。

「おもしろそうだったから」や「興味があったから」では思考の浅さがもろに出る。

自分のコアを軸に語れることを考えるのだ。

時事問題などに関する質問

面接の質問

57

最近の出来事で、最も興味を持ったものは何ですか。それについて、どんな意見を持っていますか。

質問の狙い

コアが本当にコアなのか、確認している

- 社会に対する興味・関心の幅が問われている
- 社会に対する問題意識についてもチェックされる
- 自分の視点で物事をとらえ、自分の意見を持っているかが見られている

攻略のポイント

- 常に高いアンテナを張って、社会を見ていく必要がある
- 社会のさまざまな出来事に対して、自分の考えを持っておくことが大事
- コツやテクニックではなく、日頃の意識と心がけで決まる
- **どうしてその出来事に興味を持ったのかを、コアと結びつけて答えよう**
- 「コアに直結したやりたいこと」、さらにその会社に関係のある時事問題を答える
- 「コアに直結したやりたいこと」とは無関係の時事問題を答えないように

自分はどんなものに興味を持つのか、どのようなことに関心を抱くのか、自分自身の価値観を把握することで、このような質問に対しても、しっかりとコアをアピールできるのだ。

これが我究（自己分析）の最大の強みだ。

何はともあれ、まず自分を知ろう。

自分のことを、自分の言葉で自信を持って語れるだろうか。

面接の質問

58

今日のニュースで、最も興味を持った記事を教えてください。それについて、どんな意見を持っていますか。

質問の狙い

情報収集力や分析力を見ている

- 社会に対する興味・関心の幅が問われている
- 社会に対する問題意識についてもチェックされる
- 自分の視点で物事をとらえ、自分の意見を持っているかが見られている

攻略のポイント

- 当然、面接を受ける企業に関係するニュースは面接当日の朝、すべてチェックすることだ
- 経済や社会に関するニュースは毎日、必ずチェックすること。社会人の常識だ
- 常に高いアンテナを張って、社会を見ていく必要がある
- 社会のさまざまな出来事に対して、自分の考えを持っておくことが大事
- そのニュースが志望企業にどのような影響を与えるのかを説明できるようにすること
- コツやテクニックではなく、日頃の意識と心がけで決まる。習慣化させよう
- 「コアに直結したやりたいこと」、さらにその会社に関係のある時事問題を答える
- どうしてその出来事に興味を持ったのかを、**コアで答えよう**

将来、関わりたいと思っている仕事の情報に日々触れておこう。加えて、ニュースに対して自分なりの意見を持つ習慣をつけよう。

我究館生は「今日のニュース」というトレーニングを日々おこなっている。

毎日1つニュースを選び、それを要約し、自分の意見をまとめる。習慣化することで、思考力が養われていく。

面接の質問

59

最後に何かありますか。

質問の狙い

チャンスを逃さないメンタルのタフさと、その企業への志望度を見ている

- 採用担当者が聞き出せなかった、きみの魅力を確認している
- 「どんな発言をすると有効か」分かっているか、賢さを見ている
- 話す内容と姿勢を見て、その企業への志望度を見ている

攻略のポイント

- もちろん「ありません」では、採用担当者もガックリきてしまう
- そのためにも、面接の間「伝えられた自分のよさ」と「伝えられなかった自分のよさ」を把握しながら会話を進める
- この質問がきたら最後のチャンスだ、後者の「**伝えられなかった自分のよさ**」を相手に伝えよう
- 「本日の面接では、私の○○な一面をお伝えできていないと思うのですが……」と話し始め、簡潔に相手に伝えるのだ
- また外見で「体力なさそう」や「リーダーシップがなさそう」など、ネガティブな印象を与えてしまう人も少なからずいるように思う。そのような人にもチャンスだ「よく△△（ネガティブな印象）と思われるのですが、以外に○○な一面もあります」と**ネガティブな印象を覆す、きみのエピソード**を相手に伝えよう

面接の最後の質問だ。バシッと決めたい。なるべく簡潔に伝えることが大切。ほとんどの場合、面接の残り時間が数分のタイミングでこの質問がくる。ここでダラダラ話してしまうと、逆効果だ。

結局コアがすべてだ

紹介した質問の狙い、そして攻略のポイントを見直して、改めて気づくだろう。

結局、**コアがすべて**だということに。

過去のことも、未来のことも、やりたいことも、気になる時事問題も、どんな質問も、自分のコアである価値観に基づいて答えていくことが重要なのだ。

自分がどんな人間なのか、どんなことに喜びを感じるのか、どんなことをこれからも追い求めていきたいのか。

「過去のことも未来のことも、そういう自分のコアに基づいて人は選択していく」

そう言うと抵抗感があるだろうか。

本当の自分はそんなに整然としてはいない……。

我究する前はほとんどの人がそう感じるものである。

しかし、過去をしっかり振り返ると、「多くのこと、特に大事な決断や無意識に判断したと思っていたことが、不思議と**心の奥底の価値観に沿っているこ**とが多い」ということに気づかされる。驚くほどに誰もが。

自分の根底に流れる価値観を自覚し、それを意識して答えることで、過去のことも未来のことも、どんな質問も説得力を持って伝えられる。それはどうしようもない事実なのだ。

面接は短い。ほとんどの場合、数十分で終わってしまう。自分のいろんな面を伝えたくなる気持ちはよく分かるが、短い時間に伝えるためには、絞り込んで**「コアを伝えること」を意識しよう。**

*

さて、「面接官の質問の狙い」は理解していただけただろうか。面接官の心の動きを読む意識を高めることができただろうか。

自分を効果的に伝えるために、面接官の気持ちを読み、面接官がどんな気持ちで何を尋ねようとしているのかに集中しよう。

ここでは一問一答という形式になってはいるが、実際の面接はもっと柔軟だ。きみの答えや答え方によって、面接官も予定していない方向に、いくらでも動いていくものだ。

どうしてこの脈絡でそれを聞いてくるのだろうか？

短時間に質疑が繰り返される面接とは、一見特殊なコミュニケーションの場であるが、その基本は、実は「相手の気持ちをくみながら自分の考えを伝える」という、家庭やサークルやゼミや仕事などの**どこにでもある人間関係を凝縮したもの**であるのだ。

僕たちは誰も一人では生きていけない。何をするにも多くの人と、ともにやっていく。きみの未来には、何十何百何千という新しい出会いが待っている。きみが面接で培うスキルが、きみのビジョンを実現していく上で、大いに活かされることを願ってやまない。

Chapter 11

内定者はみんなつくっている「面接ライブノート」

面接は受けっぱなしではいけない。
面接が終わったらすぐに
面接ライブノートをつくることをおすすめする。
そして、自分の面接のよかった点と修正すべき点を、
その場で見つける。
選考中にどれだけ改善を繰り返せるかが、
内定の有無につながるのだ。

「面接ライブノート」とは何か

まずは366ページの実物を見てほしい。

このように、どこの会社の何次面接なのかを書くことから始まり、面接官の様子、雰囲気、そして面接官の質問内容、自分の答えた内容、面接官一人ひとりの反応、できればほかの学生のしゃべった内容までも、**可能な限り詳細に、忠実に再現する**のが面接ライブノートである。

このような詳細かつ忠実に面接を再現したノートをもとに、

「面接官はきみのことをどんな人だと考えているのか？」

「どんな印象を持っているのか？」

を正確に把握するのだ。

さらには今回の面接では伝え切れなかったアピールポイント、今回の面接で露呈してしまった弱点や短所、マイナスな印象を、次回の面接で挽回すべく対策を打つのである。

だからこそ、面倒くさがらずに、細かく丁寧にノートに書き込もう。

この緻密さが後々大きな差となって表れてくるのだ。

またその会社の面接で、残念ながら落ちてしまったときでも、当然、面接ライブノートは有効である。ほかの会社の面接に向けて、具体的にどこをどう直すべきかを徹底的にチェックするのだ。

逆に、非常にうまくいった面接、最高の出来だと思った面接でも、面接ライブノートをつくろう。どんなにうまくいった面接でも、必ず反省材料はあるはず。しかも面接では、受ける側の感触と面接官の印象はズレていることが多々ある。

学生は、「もうバッチリでした!」と喜び勇んでいても、実は面接官の評価は、そうでもなかったりすることは非常によくある。

出来のよかった面接こそ、ライブノートをつくって、クールに分析すべきである。

そして本当にいい面接を繰り広げた場合は、

□具体的に面接中の何がよかったのか
□どんな話が有効だったのか

を面接ライブノートを使って把握しておくことが、次回以降の成功につながる。

ー □ ×

・〇〇業界ならびに〇〇株式会社の将来はどのように考えているか
銀行は低金利下で厳しいと言われている。最近の貯蓄から投資の世の中の流れの中で、〇〇業界は未来が明るいと思っている。昨今はネット証券やIFAなども台頭してきているが、〇〇は業界で圧倒的に優位性があるし、〇〇として対面型提案を重視していたり、お客様の役に立ち続けている。その中で貯蓄から投資を牽引しているし、これからもしていくと思う。

・ネット証券は拡大していかないか？
もちろん拡大はしていくと思うし、自分のような資産形成層はネット証券のほうが手軽で手数料も低いので魅力を感じるだろう。ただ〇〇などの独立系証券会社は、また少し違う。ラグジュアリーホテルとカプセルホテルのような関係かと思っている。カプセルホテルに対しての需要は増えるが、ラグジュアリーホテルへの需要はなくならないし、そこの資産運用層のニーズは必ず増えていく。ネット証券は伸びるが、そこの脅威は〇〇は感じていないのではないか。

・今日の日経平均の終値はわかる？
勉強不足で確認できていない。

・困難に立ち向かった経験はあるか？
大学受験の経験。高校２年生の夏から始めたが当時は成績がよくなかった。ただ何か目標を自分で立ててクリアしたいという想いがあり、第一志望を目指し努力した。

・尊敬している人の特徴は何か
相手の目線に立てる人。

・そのようになりたいか？
なりたいし、今もなれるよう努力している。

・１番幸せと感じる瞬間はどのような時か？
自分が納得してやりたいことをやっている瞬間。例えば趣味が筋トレなので筋トレをしている時や、大学での自分がやりたい勉強をしている時など。

・入社した後理不尽なこと言われるかもしれないけど大丈夫そうか？
言われてもそれが自分の成長につながると思うので大丈夫だと思っている。

・〇〇のビジネスは、１＋１＝２ではなく、自らの付加価値や会社の付加価値を上げて、３や４にして提供していく。過去の経験で１＋１＝２ではなく、それ以上にした経験はあるか
中学の時に体育祭のリーダーを務めた経験。２×２×２×……＝∞にした。中学校の３学年の男子全員で足並みを揃えて行進する集団行動をしていた。そこで人数も200人くらいいるので統率を取るのが難しかったし、思うようにみんなも動いてくれなかった。ただ成功させたいという気持ちや、みんなで一体になるという素晴らしいビジョンがあるということを語り続けていたことにより、みんなに伝わり、練習も進み本番は成功した。ふつうにまとめるとしたら１＋１＋１＋……＝200になるが、よりよいビジョンを追い求めたことにより全員の個体値が２になり、プラスではなく掛け算になっていったと思っている。それは数字を増やすような経験だった。

・あと質問は３つです。あなたを動物に例えるなら何ですか
ライオン。ライオンの肉食で獰猛なイメージというよりは、今までの多様な価値観の人をまとめたり、一人ひとりと向き合ってまとめてチームにしてきた経験がある。その中で、百獣の王と言われるように、ライオンキングの崖の上に立っているライオンのようなイメージで、色々な動物がいる中で上に立ちみんなに声をかけ吠えているようなイメージを自分の中で浮かべた。

・何か私に対してオススメの本もしくは映画があれば教えてください
『交渉学』という本。慶應の教授が書いており、法律の教授なので、法廷の中での交渉をビジネスに活かしていけるという内容。この内容自体がおもしろいし、ビジネスで相手と交渉していくには、相手を打ち負かすのではなく、お互いウィンウィンで利益があるような交渉がいい交渉であり、それができるのがいいビジネスマンだという内容で、すすめたい。

・その本から何を学んで欲しいか
法律視点なので、違った切り口で交渉を学べると思う。

・最後の質問です、〇〇の内定が出たらどうしますか
いただけたら就職活動は終わりにし、入社までに何か勉強出来ることをしたいと思っている。

面接ライブノートの例

○月○日　○○株式会社　本選考○次面接

○○株式会社　本選考	**面接**
①面接時間	**40分**
②面接形式	**個人オンライン**
③面接官の様子や特徴	**営業部の課長の方、30代後半。特に笑顔はなく全体的に厳かな雰囲気でおこなわれたが、面接が終わってフィードバックをいただいた時は、少しくだけた感じで話していただいた。本当に○○へ入る意志があるかどうか、また、その意志は強いかどうかをしっかりと確かめられているように感じた。面接の会話のキャッチボールの速さはかなり速く、頭の回転の速さも同時に見られているように感じた。**

・学生時代に最も力を入れて取り組んだことは何か
○○でのアルバイトの経験、60人のスタッフのリーダーを大学２年の冬から務めている。そのうち半分が外国人という多様な環境の中、チームをマネジメントして課題を解決した。

・課題は何だったか
クレームが急増した課題。原因は外国人スタッフへの教育不足、コミュニケーション不足だった。

・どう克服したか
３点おこなった。まずは外国人スタッフ目線で教育マニュアルや制度を改革した。次に価値観の相違がある中で、現場で協働することによって行動で示し距離を詰めた。最後に、リーダーとして店舗課題を顧客満足の達成のために解決したいという熱や想いを朝礼などで語り続けた。これにより外国人スタッフを含めた全スタッフがチームとなり、課題に向かって全員で努力した。それにより３ヶ月でクレームは減り、店舗運営も効率的になった。

・実施期間はどのくらいか
３月にクレームが６倍に急増し、３ヶ月かけてこの取り組みをおこない６月に減らすことができた。

・なぜそんなにクレームが多くなったか
外国人に対する教育不足などもあるが、外国人スタッフが増えていることも状況としてあり、それも原因の１つだった。

・なぜ外国人スタッフをそんなに採用したのか
人手不足という状況が続いており、地域間でも競合同士でスタッフも分散しており、外国人を多く取らざるを得なかった。

・なぜ○○でバイトを始めたか
接客をしたかったことと、色々な成長や経験ができるという父の推しもあった。

・○○株式会社の志望動機は何か
まず○○業界は、無形商材であり個人の信頼や人間力が重視されるため、自分の軸とマッチしていると思い志望した。中でも○○は刻一刻と変化するマーケットの中でより主体性が求められることに魅力を感じた。その中で○○は、ウェットな育成環境や、業界一位だからこそできる仕事や提案の幅広さの中で身を置き成長したい。また今まで出会った社員が知性があり仕事に対して情熱がある魅力的な社員の方と共に働きたいと思った。

・お父さんは○○株式会社に行くことに何かいうか
いい人が多いと前向きに進めてくれている。

・うちに入ってからのビジョン、どう活躍していきたいと考えているか
具体的に事業分野やこの課題といったことは学生時代に見つけることができなかったが、成長できる環境に身を置き色々と勉強、努力していくことで、金融のプロになっていきたい。また、昨今の社会情勢の中、直接金融のトップとして社会をリードしていけることに魅力を感じ、その一員として働いていきたい。

・営業がしたいのか？
はい。

・あなたを採用するメリットは何か
自身の強みは向き合う力だと思っている。その定義は３つあり、自分と向き合う、他人と向き合う、社会と向き合うということ。自分に関しては、大学受験の経験、他人に関しては○○でのアルバイトの経験がある。社会に向き合うことに関しては会社に入ってからだと思っている。この力を活かして、まずは営業においてお客様の役に立ち、会社にも貢献していきたいと思っているので、採用するメリットがあると思う。

面接ライブノートの8つのメリット

面接ライブノートをつくるとどんなメリットがあるのだろうか。

面接ライブノートのメリット

1. 自分の話した内容を整理できる
2. 自分のどんなアピールが有効で、どんなアピールが有効ではないのかが確認できる
3. 今回の面接で足りなかったこと、弱かったこと、イマイチだったことを把握できる
4. 「次回以降、どうすべきか」という対策を立てられる
5. その会社の面接における特徴・流れ・雰囲気を確認することができる
6. その会社の面接官の好み・嗜好（どんな話がウケるのか）を把握することができる
7. その会社が今年はどんな人材を求めているのかが推測できる
8. その会社が持つ、他社との違いについて判断できる

これらのメリットの重要性が分かるだろうか。

面接の評価は、蓄積されていくものだと思ってほしい。

たとえ2次面接を通過したとしても、1次面接の評価が低くて、さらに2次面接の評価もイマイチだとすると、3次面接の際に、よほどの高い評価を受けなければ落とされる、という崖っぷち状態にいることを知っておくべきだ。

面接というものは、そのように面接官や人事担当者の間で、評価が蓄積されていくのである。

だからこそ、面接ライブノートをつくって、次回は何をアピールして、どんな印象を残すべきかを考える必要があるのだ。

特に難関業界・人気業界には必須だと思ってほしい。

難関業界・人気業界には、ただでさえレベルの高い学生が集まってくる。集まる学生の数が多いので、その分会社は強気で面接できるのである。

面接ライブノートをつくって、しっかりと次の面接につなげることがいかに大事か、何となくでも分かってもらえただろうか。

面接ライブノートは「すぐに」「細かく」「忠実に」書く

面接ライブノートのつくり方について説明する。

基本的には、面接ライブノートは次のような手順で作成しよう。

「ちょっと細か過ぎるよ」と思う人もいるだろう。しかし、これぐらいでちょうどいい。これぐらい細かく書いておくと、「どこで面接の流れが変わったのか？」とか、「自分の発言の何が面接官の心に響いたのか？」が、正確に把握できるのである。ぜひがんばってつくってみよう。

専用のノートを用意してもいいし、パソコンを使ってもいい。

面接ライブノート作成手順

1. 面接が終わったら、すぐに面接ライブノートの作成に取りかかる
2. 日付、会社名、何次面接かを記入する
3. 部屋の様子、ドアや机、イスの配置はどんな感じで、面接官や学生は何人かを正確に書く
4. 面接官の特徴や、集団面接の場合はほかの学生の様子をできるだけ細かくノートに書いていく

5. 面接官の質問内容をなるべく正確に書く。微妙な言い回しや「間」についてもなるべく細かく書いていく

6. 質問に対して自分が話した内容を、忠実に再現する。自分自身の話し方（「感情を込めた」とか「早口でしゃべり倒した」など）や言い間違えたところ、詰まってしまったところなどもリアルに再現する

7. 面接官はどんな反応をしたのか（「笑った」のか、「うなずいた」のか、「沈黙した」のか、「首を傾げた」のかなど）、面接官の心の様子までも書きたいところ（「きっと共感してくれている」とか「顔には出していないが内心ムッとしている」など）

8. 反省ポイントや、どう答えるべきだったかを記入

9. 大学の先輩や社会人にチェックしてもらって、出てきた反省ポイントやアドバイスも、しっかり記入する

自分の発言内容を、完全に再現する。
※つっかえたところや言い直したところ、間違えたところなども克明に記述すること。

私の誇りは、何といっても場数の多さであります。

学生時代は格安ツアーを大学のサークル向けに販売する旅行代理店や、海外でのボランティア活動、クラブでのイベントや大学の入試業務、そして、電気工事のアルバイトまで、数多くのことを経験してきました。ええと…

それらの経験を通して学んだものは

（以下、いつものコアに続く）


（面接官Aは笑顔で頷いているが、面接官Bは難しい顔。

眉間にしわ）

反省！


よりにインパクトがなかったのかも。

やはり面接の前の空き時間に行ったことを最初に話せば良かった。

それと話がやや長かった。


とにかく詳細に、リアルに、克明に再現すること！


必ず自分自身の反省を記入すること。

「もっとこうすべきだ」というポイントを明確にする。


面接ライブノートは必ず社会人にチェックしてもらうこと！

面接ライブノートの例

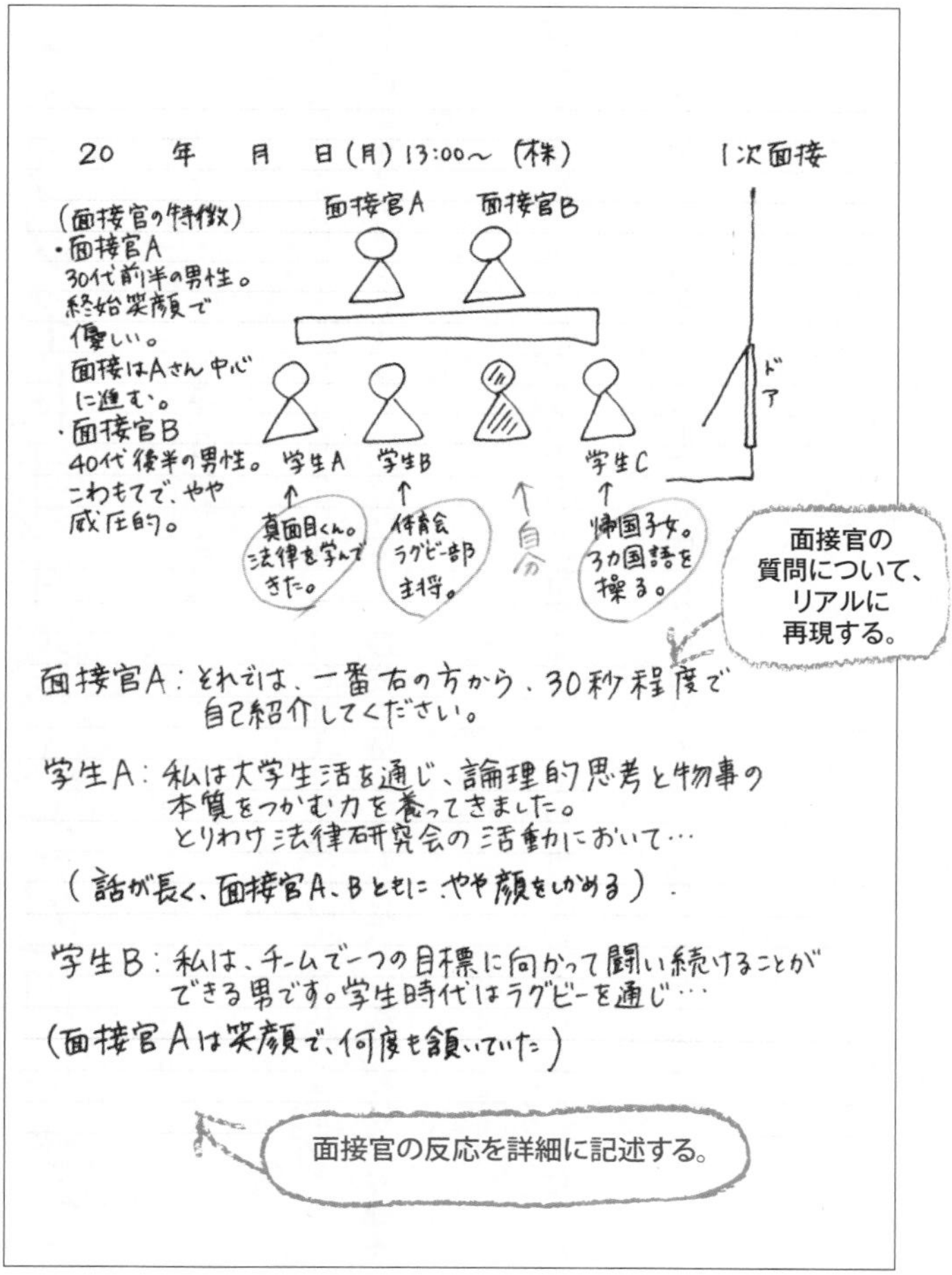
20　年　月　日（月）13:00〜（株）
1次面接
（面接官の特徴）
・面接官A
30代前半の男性。
終始笑顔で
優しい。
面接はAさん中心
に進む。
・面接官B
40代後半の男性。
こわもてで、やや
威圧的。
面接官A
面接官B
ドア
学生A
学生B
学生C
真面目くん。
法律を学んで
きた。
体育会
ラグビー部
主将。
自分
帰国子女。
3カ国語を
操る。
面接官の
質問について、
リアルに
再現する。
面接官A：それでは、一番右の方から、30秒程度で
自己紹介してください。
学生A：私は大学生活を通じ、論理的思考と物事の
本質をつかむ力を養ってきました。
とりわけ法律研究会の活動において…
（話が長く、面接官A、Bともにやや顔をしかめる）
学生B：私は、チームで一つの目標に向かって闘い続けることが
できる男です。学生時代はラグビーを通じ…
（面接官Aは笑顔で、何度も頷いていた）
面接官の反応を詳細に記述する。

面接ライブノートは、社会人と分析しよう

面接ライブノートを作成したら、必ず分析しよう。

自分自身で振り返って分析することはもちろん、それに加えて模擬面接同様に、面接ライブノートも第三者と共に分析することが大切だ。可能なら、**現在活躍している社会人と一緒に振り返ること**が最も有効である。

それでは、実際に自分の面接ライブノートを分析するには、どのようなポイントで見なければならないのか。

実は模擬面接の分析チェックポイントと基本的には同じである。重要なチェックポイントは、左のページのとおりだ。

面接ライブノート
分析チェックポイント

1. 話している人（自分）は、その面接でどんな人だと思われたのか

◆自信の度合いはどう見えたか？

・どこまで自分は活躍できると「信じ切っている」人か
・現状の自分に、どれだけ自信がある人か

◆意識はどう見えたか？

・リーダーシップがある人か
・自立性を重んじる人か
・プロ意識を持っている人か
・先を見ている人か

◆性格はどう見えたか？

・全力を出せそうな人か
・絆を大事にできる人か
・枠にとらわれていない人か

◆頭のキレはどう見えたか？

・問題意識の高さはどうか
・アイデア力はどうか（ユニークなアイデアを出せる人か）
・コミュニケーションの察しはいいか

2. その人の特にダメな点（意識、性格、頭のキレなど）は？

3. 2は、面接のどのような点（表情・態度・声・話し方・間のとり方）から、感じられたのか

4. 各質問に対する答え（話した内容）から、どんな人だと思われたのか（特にネガティブな視点で）

5. もう一度同じ質問がきたら、今度はどのように答えるのか

6. 5のように答えたら、それに対してさらにどんな突っ込みの質問が出るだろうか。その質問に対しても、答えを準備する

面接ライブノートで特にチェックしたい点

次の3点をチェックしておこう。

1．面接官は「きみの弱点」をどうとらえているのか
2．もう一言、突っ込んだ意見を言い損なっているところはないか
3．自分の言いたいことが、誤解なく伝わっているか、どう表現すればよかったのか

1．面接官は「きみの弱点」をどうとらえているのか

弱点とは、マイナスの部分のことではない。「学生最高レベル」を基準とした場合に、きみのどの点がその「最高レベル」に達していないと面接官が思っているか、である。

最終面接以外は、安易に「素晴らしい学生だ」と太鼓判を押すことはまずない。必ず面接官は「どこが弱かったか、何が最高レベルに達していないのか」を見抜こうとする。その面接官の心理を、面接ライブノートから探るのだ。

2．もう一言、突っ込んだ意見の言い損なっているところはないか

そもそも面接における言葉のやりとりは大きく分けると次の2つである。

①自己PR系（自分のコア・自分の経験のアピール）および志望動機系（自分のコア）

②やりたいこと系（どんな仕事をしたいか、企画）

特に②については、具体的にもう一歩踏み込んだ意見を出したいところだ。「具体的に例を挙げてもいいですか。（間を置く）例えば……」というように、意見があるならば一般論で止めることなく、具体的に述べていくことが大切だ。このように必要な場所で、しっかりと具体的に展開できているかを、ライブノートでチェックするべきである。

3. 自分の言いたいことが、誤解なく伝わっているか、どう表現すればよかったのか

話した内容を他人に（できれば社会人に）読んでもらう。そして、誤解が発生しているところを指摘してもらう。例えば、次のようなアドバイスをもらおう。「リーダーシップをアピールしているけど、巻き込んだ人数が少ないから、面接官はむしろその力がない人と判断している。なので、人数は少ないけれど、一人ひとりの個性が強かったから難易度が高かった、というふうに話すべきだね」。このようにして、自分が伝えようとしていることが誤解なく伝わるように表現を修正していくのだ。

具体的な面接ライブノート分析

左のページの手書きのライブノートを見てほしい。これは某テレビキー局に内定したSくんの面接ライブノートだ（これはSくんのライブノートの一部であるが、正直言って、奇跡的に1次を突破したようなものだ。1次面接では、探り合いの部分があったのだろう）。

Sくんは気合が入り過ぎていたため、変に穏やかな「コミュニケーション」を意識してしまい、突っ込みが足りない。アピールできるのに、自分からアイデアのディテールについて話を展開していない。面接の中身が薄い。のめり込めていない。その結果、制作志望としてのセンスもアピールし切れていない。

おそらく1次面接を突破したといっても、Sではなく、Aマイナスの評価であろう。ギリギリ1次突破というところか。

こういうことが、面接ライブノートを読むだけで分析できるのである。

これらの反省を受け、**ノートを読み、対策を練りに練った**。そのため、2次面接や最終面接では、「これ以上ない」というレベル、「絶対に落ちるはずがないレベル」のベストな面接ができたのだ。

面接ライブノートの効果&威力、ご理解いただけただろうか。ぜひ、きみもつくってみよう。絶大な効果があることを約束する。

某テレビキー局に内定した、Sくんの面接ライブノート

1次面接

一次

面接官 2人対 自分 1人
- 社員A子さん ― モデルのはなに激似。にこやかに話を展開する役
- 社員B夫さん ― 育ちの良い慶応ボーイ風。ひたすら俺を見る。聞き役。

― はじめまして！ よろしくお願いします!!

A ― はい、はじめまして。

B ― はじめまして
A ― 自己紹介お願いします。（30秒）

― 大学 学部の です！

私は笑いと感動に救われた男です！

人をいかに楽しませるかを追求することで楽しく生きてきました。

ときには「モノマネ除夜の鐘」なるイベントを企画し、ときには「勝手に箱根駅伝」なるイベントを通して笑いと感動を提供させてもらいました。

今度は全国に楽しいコンテンツを見せることで、テレビの前の人が楽しい人生を送るキッカケを作れたら幸せですね。

Aさん笑顔でこっちを見る。
Bさん ESを凝視。

A ― へぇー モノマネ除夜の鐘ってどんなことしたの？
― 大晦日の除夜の鐘に合わせてモノマネを披露するっていうイベントです。
A ― キャハハ、一発ネタだねー（笑）！
― 紅白に変わる年末の新たな風物詩を作りたくて地元の神社でやったんです。
30発目まではカンタンだったんですけど、それ以降がギリギ…
A ― アハハー
― 108発目が終わったのはもう朝の9時でした（笑）
A ― ハハハー、年越し終わったよーみたいな（笑）

B ― 今までで一番苦労したことは何ですか？
― ハイ。小さなころに両親と別れて、学校も転校したことです。
母も働いて家にいなかったし、友達も最初はいなかったので淋しくてそこで、笑いを取って楽しませようと！ そうすることで友人が増えました。
だから笑いの力にはホントに感謝しています!!
B ― なるほどねぇ
A ― 好きなタレントっている？ 教えて
― 最近は「笑い飯」の二人が好きですね
A ― いいよねー、「めちゃイケ」にも出てた。ホントオモシロイよねー
― あの二人は型破りなところが魅力ですね。今までの漫才のフォーマットにしばられていなくてカッコイイです。
B ― うん
― 彼らは売り方次第でカリスマになれるハズです!!
もっと の月刊とかに彼らの笑いへのコダワリとか、社会問題への意見とかを語らせるようなインタビューを載せて年配の方にも注目されるようになれば、北野武以来のカリスマになれると思いますし彼らで高視聴率をとれる番組もできるんじゃないかと思います。

Aさん、Bさんの顔つきがマジになった。


B ― 作りたい番組ってある？

― プロレスをもう一度ゴールデンタイムでやりたいですね!!

B ― ほぉ
― 今のプロレスを見てると、カリスマ不在ですし、ストーリーもないので淋しい。

プロレスっておじいさんから幼稚園児まで夢中になれる娯楽の王者のハズです。

二枚目のスターを発掘して、女性誌なんかにも登場させて、幅広いファンを獲得するんです。構成作家にストーリーを書いてもらってドキュメントタッチの青春群像として見せれば今よりもっと売れる番組になります!!

おわりに

「無知の知」という言葉があるように、今のあなたは業界の動向や志望企業のことを知れば知るほど、知らないことがこれほど多くあるのかと感じているかもしれない。そして何よりも、自分自身についても分かっていないことが多くあることに気づいただろう。

しかし、我究をした今、自分自身のことを誰よりも知っているのは、間違いなくあなた自身だ。就職活動を機に徹底的に自分と向き合い、本当にやりたい仕事とは何かを追求してきたのだから、胸を張って面接官の前に立ってほしい。

その時に、約束してほしいことがある。

それは、受け身ではなく能動的であること。受信するだけではなく、発信すること。依存するのではなく、自立すること。面接という限られた時間の中で、面接官が何を聞きたがっているのかを知り、自分が何者であるかを伝え、相手の心の中に飛び込むのだ。

変化の激しい時代において、ますます多様化する組織は、より幸福な社会をつくるためにアクションをおこせる人を探している。

リーダーシップ理論の権威である、ロナルド・ハイフェッツ氏は、リーダーシップとは、ポジションではなくアクションであると言っている。

我究をしてきたあなたには、主体的にアクションをおこしてほしい。

その第一歩として扉の向こうの面接官に、あなたのアツイ思いが届くことを心から願っている。

キャリアデザインスクール・我究館館長　杉村貴子

［著者］

杉村太郎（すぎむら・たろう）

（株）ジャパンビジネスラボ創業者、我究館、プレゼンス創業者・元会長。

1963年東京都生まれ。慶應義塾大学理工学部管理工学科卒。米国ハーバード大学ケネディ行政大学院修了（MPA）。87年、住友商事入社。損害保険会社に転職し、経営戦略と人材育成・採用を担当。90年、シャインズを結成し、『私の彼はサラリーマン』でCDデビュー。

92年、（株）ジャパンビジネスラボ及び「我究館」を設立。就職活動に初めて“キャリアデザイン”の概念を導入し、独自の人材育成「我究（がきゅう）」を展開。94年『絶対内定95』を上梓。97年、我究館社会人校を開校。2001年、TOEIC®/TOEFL®/英会話/中国語コーチングスクール「プレゼンス」を設立。08年にハーバード大学ウェザーヘッド国際問題研究所客員研究員に就任、日米の雇用・教育問題と政策について研究。11年8月急逝。

著書は「絶対内定」シリーズ、『新TOEIC®テスト900点 新TOEFL®テスト100点への王道』（共にダイヤモンド社）、『ハーバード・ケネディスクールでは、何をどう教えているか』（共著、英治出版）、『アツイコトバ』（一部電子書籍はダイヤモンド社より発行）等。

キャリアデザインスクール・我究館

心から納得のいくキャリアの描き方と実現をサポートする就職・転職コーチングスクール。1992年の創立以来、30年以上にわたり全業界に１万人以上の人材を輩出。

日本を代表するコーチ陣が、就職、転職、ロースクールや医学部進学、MBA留学、資格取得等、次の成長の機会を模索し、その実現に悩む人々をバックアップしている。

絶対内定2026 面接

2024年5月7日　第1刷発行

著　者——杉村太郎、キャリアデザインスクール・我究館
発行所——ダイヤモンド社
〒150-8409　東京都渋谷区神宮前6-12-17
https://www.diamond.co.jp/
電話／03·5778·7233（編集）03·5778·7240（販売）

装丁——西垂水敦（krran）
本文デザイン・DTP—谷関笑子（TYPEFACE）
イラスト——草田みかん
校正——三森由紀子
製作進行——ダイヤモンド・グラフィック社
印刷・製本——勇進印刷
編集協力——奥田由意
編集担当——工藤佳子

ISBN 978-4-478-12035-4